基层农产品质量安全科普读本

廖家富 主编

重庆出版集团 重庆出版社

图书在版编目（CIP）数据

基层农产品质量安全科普读本 / 廖家富主编.
-- 重庆 ： 重庆出版社， 2020.10（2023.5重印）
ISBN 978-7-229-15288-8

Ⅰ. ①基… Ⅱ. ①廖… Ⅲ. ①农产品－质量管理－安全管理－中国 Ⅳ. ①F326.5

中国版本图书馆CIP数据核字（2020）第186385号

基层农产品质量安全科普读本

JICENG NONGCHANPIN ZHILIANG ANQUAN KEPU DUBEN

主　编：廖家富

责任编辑：刘早生　孙淑培
责任校对：李春燕
装帧设计：郭　燕

重庆出版集团
重庆出版社　出版

重庆市南岸区南滨路162号1幢　邮政编码：400061　http://www.cqph.com
重庆博优印务有限公司
重庆出版集团图书发行有限公司发行
E-mail:fxchu@cqph.com　邮购电话：023-61520646
全国新华书店经销

开本：889mm×1194mm　1/32　印张：5.5　字数：108千
2020年12月第1版　2023年5月第2次印刷
ISBN 978-7-229-15288-8

定价：38.00元

如有印装质量问题，请向本集团图书发行有限公司调换：023-61520678

《基层农产品质量安全科普读本》编辑委员会

主 任 委 员：陈 勇

副主任委员：陈朝轩 黄 昀 戴亨林

委　　员：陈国福 古正国 金 延 李孝勇 李 勇

韩以政 唐章林 刘 明 聂 宁 白 洁

马 平 周 兵 贺德华 杨志平 柴 勇

王显华 易廷辉 梅会清 何义刚 杨灿芳

袁昌定

统 筹 督 导：李祥洲

主　　编：廖家富

副 主 编：邬清碧 邓 玉 戴 芬 程光辉

编 写 人 员：邓 玉 纪户俊 刘元喜 邬清碧 陈义康

（按姓氏笔画排序） 张龙军 张孝君 张海彬 张登中 张德忠

李学琼 何 涛 周 渝 柯贤锋 郭 萍

唐道珍 龚世龙 黄德民 彭广东 童建川

程 鸿 程光辉 廉亚丽 覃夕全 阙忠伦

鲜小红 廖家富 戴 芬 戴云国 魏 敏

序

民以食为天，食以安为先。农产品质量安全问题永远是人民群众最关心、最现实的利益问题，已成为满足“人民群众对美好生活的向往”最直接、最重要的方面。党和国家高度重视农产品质量安全，作出了农业实施绿色发展等一系列重大决定，要求农业农村发展必须坚持质量兴农、绿色兴农、品牌强农。牢固树立并切实贯彻创新、协调、绿色、开放、共享的发展理念，致力科学引导生产，确保农产品质量安全，正确引导消费，增强公众消费信心，已成为“三农”工作者的重要职责。强化质量控制与知识普及，保障消费者吃得安全、吃得放心这个最重要的民生福祉，是对我们农产品质量安全事业的基本要求，也是全面实现小康社会的物质基础。

农业农村部农产品质量安全舆情监测分析结果显示，近年来社交媒体中曝光的有关农产品质量安全问题，近一半的是谣言。在有关谣言形成的网络舆情中，不少是因为网民及媒体人缺乏农产品质量安全生产、安全消费的知识误传误曝，也存在相关生产企业之间的恶性竞争、相互攻讦的情况。除此，也不排除一些别有用心的人或一些利益集团故意散布谣言，刻意毁损我国农产品品牌形象，阻碍民族产业做大做强。不少普通消费者对农产品质量安全生产认知水平及科学消费素养不高，在一些媒体长期、反复误导下，难以对农产品质量安全问题形成清醒客观的认识，一旦出现农产品质量安全负面信息，就极易形成“有罪推定”的思维定式，引发非理性的共鸣。由此可见，基层农产品质量安全工作人员积极开展具有高度针对性的科学普及和风险交流十分重要，需要科学地普及农产品质量安全政策法规措施标准，普及农产品质量安全生产、安全消费科学技术知识常识，全面提高社会公众科学素养，正确引导公众情绪、态度和意见的形成及其良性发展，为我国农产品质量安全事业营造一个宽松和谐的舆论环境。

《基层农产品质量安全科普读本》顺应了当下基层农产品质量安全风险交流及科学普及的要求，整理分析了农业农村部农产品质量安全舆情监测分析团队近年来积累的热点问题及其科普解读方案、典型经验和丰富案例，针对基层农产品质量安全的形势特征及科普需求，介绍了基层农产品质量安全科普的方式方法，以及基层农产品质量安全科普工作者应知应会的一些基本知识，还用浅显易懂的语言回答了常见的网络谣言中的一些热点问题，为基层农产品质量安全科学普及提供了一个范本。本书主编及主要编写人员是农业农村部农产品质量安全舆情监测分析团队的项目负责人及业务骨干，长期致力于基层农产品质量安全工作，本书的专业性、权威性和实用性都属上乘，将对基层农产品质量安全科普工作起到积极的推动作用，适合广大基层农产品质量安全监管工作人员、农技推广人员、农产品生产经营者及一般读者学习研究参考。该书的出版，为贯彻落实习近平总书记“努力推动高质量发展、创造高品质生活”，“在推进长江经济带绿色发展中发挥示范作用”的重要指示精神，全面推进基层农产品质量安全工作，助力乡村振兴，起到积极作用。

在本书的编撰出版过程中，得到了农业农村部农产品质量安全监管司、农业农村部农产品质量安全中心、农业农村部农产品质量标准研究中心、重庆市农业农村委员会、重庆市农产品质量安全中心等单位领导的亲切关怀和大力支持，得到了中国农业科学院农业质量标准与检测技术研究所、浙江省农业科学院农产品质量标准研究所、上海市农业科学院农产品质量标准与检测技术研究所、山东省农业科学院农业质量标准与检测技术研究所、西南大学农学与生物科技学院、重庆市农业技术推广总站、重庆市畜牧技术推广总站、重庆市水产技术推广总站、重庆市农业机械化技术推广总站、重庆市生态与资源保护站、重庆市农业信息中心、重庆市动物疫病预防控制中心、重庆市农业行政执法总队、重庆市农业科学院农业质量标准检测技术研究所等单位领导、专家的指导和帮助，在此一并表示衷心的感谢！本书在编撰过程中参考了同行专家及网络中有关专家学者的科学研究及科学普及成果，参考文献中可能未能一一列出，在此一并表示诚挚的谢意和歉意！由于编者水平有限，书中难免有不妥之处，敬请各位同行专家和读者不吝赐教。

编者

2020 年 9 月 10 日

目　录

李子种植基地

第一章　农产品质量安全科普特征

利用各种易于理解、接受、参与的方式和浅显易懂的方法向相关人员、社会公众普及农产品质量安全生产、安全消费知识，及时回应社会关切的问题，快速化解公众疑虑，尽力消除农产品质量安全舆情风险隐患，引导科学消费、安全消费、快乐消费，保护产业健康稳定发展，维护和提高政府公信力，是基层农产品质量安全公共服务机构的基本职责和重要使命，也是我国农产品质量安全工作的重要内容和重要抓手。要做好农产品质量安全科学普及（以下简称“科普”）工作，一要弄清科普对象，讲究科普方法；二要针对社会关切的问题，开展精准科普。简单说来，就是要科学地普及相关科学知识，精准回应社会关切的问题。

一、科普对象

弹琴要看听众，说话要分对象。在我们开展农产品质量安全科普工作之前，首先应该明确我们面对的是什么样的科普对象，也可以称之为科普客体，即接受科普的人。不同的科普对象拥有不同的群体属性特征，在农产品质量安全风险形成及管控过程中所扮演的角色也不尽相同。针对不同的科普对象应当采用不同的科普方法，选择不同的科普内容。根据近年来我国农产品质量安全问题事件和舆情发生发展及其处置情况来看，农产品质量安全科普对象可分为管理者、生产经营者、传播参与者和普通消费者等不同群体。

（一）管理者

管理者主要是指与农产品质量安全相关的各级各部门从事管理工作的人员，也包括各级人大代表、政协委员和部分专家学者、荣誉大咖等。对管理者的科普内容主要包括三个方面：一是现阶段我国社会的主要矛盾和社会发展的阶段性特征与需求，农产品数量安全与质量安全的关系；二是农产品质量安全监管的法律法规、政策措施、科学研究成果与成效；三是农产品安全生产的基础知识、农作物和家畜家禽生长发育的基本常识、农业投入品的限量标准与残留以及安全消费知识等。基层农产品质量安全公共服务机构的管理者，既是农产品质量安全科普的组织者、实施者，也是科普知识的接受者，除掌握上述三个方面的知识外，还要具备农产品质量安全生产、安全消费应知应会的常识和知识，掌握农产品全产业链各环节质量安全控制的相关知识和技术，包括安全生产、收获、加工、贮存、保鲜、包装、运输等环节，尤其应掌握普通公众比较关注的产地环境、农业投入品残留、非法添加等知识，熟悉农产品质量安全科普的基本方法和媒体应对技巧，掌握应急处置工作方式方法，妥善处置农产品质量安全突发问题事件。

（二）生产经营者

生产经营者主要是指与农产品生产经营相关的人员，包括农产品的直接生产者和从事农产品收购、加工、贮存、保鲜、包装、运输和销售的人员。质量安全的农产品最终靠生产者生产出来，因此，生产经营者是农产品质量安全的第一责任人。对生产经营者的科普，主要包括三个方面：一是农产品质量安全的基本知识、相关的法律法规和政策；二是农作物和家畜家禽生长发育、农业投入品的使用与残留、农业生产的产地环境条件与安全等方面的基本知识；三是在农产品收购、加工、贮存、保鲜、包装、运输和销售过程中与农产品质量安全相关的知识、技术和方法。在对生产经营者的农产品质量安全科普工作中，要注重提高他们的质量安全意识，促使他们自觉进行安全生产，客观、真实地说明农产品的生产、经营、销售过程以及投入品、添加剂等的使用数量、品牌和使用方法，如实表述农产品的安全属性。生产经营者应知应会的能力和素养，是基层科普的重点内容。

（三）传播参与者

传播参与者主要是指参与农产品质量安全相关信息传播、扩散的人员，主要包括各种媒介从业人员和媒体人、网络大V、普通网民，也包括部分普通消费者。对传播参与者的科普，主要是普及农产品质量安全的基本知识，相关的法律法规和政策，农作物和家畜家禽生长发育、农业投入品的使用与残留等方面的基本常识和基本知识，以及农产品加工、贮存、保鲜等方面与农产品质量安全相关的常识。对传播参与者的科普，要加强职业道德、职业操守和自律教育，引导他们客观、真实、准确、科学地传播和扩散相关信息，理性认识农产品质量安全问题，增强辨别真假信息的意识，提高鉴别能力，不造谣、不信谣、不传谣。

（四）普通消费者

普通消费者是指农产品的最终消费人员，是农产品链条的终端。对普通消费者的科普，主要是普及农产品质量安全的基本知识，相关的法律法规和政策，农业投入品及其残留和农产品安全生产、安全消费的相关知识等。对普通消费者的科普，要注重提高消费者的农产品质量安全认知水平，引导他们正确认识农兽渔药、生长调节剂等投入品和添加剂的作用及其残留，帮助他们树立正确的消费观

甘蓝标准化种植

念，养成良好的消费习惯，正确辨识农产品品牌，选择购买安全优质的农产品，不过度追求零农药、零兽药、零添加剂等，不过分注重农产品的外观等等。

二、科普特点

要做好农产品质量安全科普工作，需要了解当前农产品质量安全科普的自身特点，增强科普工作的针对性。根据农产品生产的周期性和新媒体环境下的公众群体特性，农产品质量安全科普工作具有三个突出特征，即周期性、多向性和社交性。

（一）周期性

农产品是在农业活动中获得的植物、动物、微生物及其产品，有其自身的、固有的生长发育规律和成长成熟过程，依赖于大自然的水、土、气和光、温、热，依赖于具体的产地条件和环境因子，具有独特的品质特性和质量安全要素，生产周期性明显。农产品质量安全问题事件的发生，在时间上也呈现出明显的周期性特点。一年中，夏秋季是相关问题事件发生和曝光的重点时节，尤其是每年的3月前后。冬春季则是淡季，是全年的最低点。此外，一年中的某些特殊时节，如全国“两会”期间、国际消费者权益日（3·15）和国家法定节假日（特别是长假）前后，也是农产品质量安全问题事件发生和曝光的重要时节。因此，农产品质量安全科普工作也呈现出明显的周期性特点。根据这一特点，在农产品集中上市和这些特殊的时节，适时开展农产品质量安全科普和宣传，效果比较明显。

（二）多向性

农产品质量安全科普是将现在已经掌握和获得的农产品质量安全相关知识进行传播、扩散、普及的过程。随着现代通信（包括网络）技术的快速发展，社会进入了“大众麦克风”时代，人人都可以借助各种媒体相对自由地发布、传播相关信息，表达个人意见和看法，社会公众的角色也逐渐地从原来单一的信息获取者向多元的信息制造者、信息传播者转变。一出现热点事件和信息，社会公众就会根据个人的兴趣和喜好去获取相关知识和信息，有的还进行修改和传播，以不同方式表达自己的观点和认识，媒体上、网络中就会出现各种各样的声音和说法，鱼龙混杂，难辨真假。因此，在当前全媒介环境下的农产品质量安全科普工作，具有信息传播的多向性特点。

（三）社交性

农产品质量安全科普工作还具有社交性的特点。科普活动中，社会公众的参与在一定程度上决定着科普的效果。科普的社交化是化解舆论戾气、建立科普统一战线的有力举措，是当前科普工作变革的重要方向。一些新兴的科普传播平台在兼顾传统科普媒介优势的基础上，不断引入社交化元素，放低姿态和调门，力求得到更多社会公众的认可，吸引更多的参与者。目前许多农产品质量安全研究机构和报刊等传统媒体，也纷纷利用现代技术开发新的科普方式，如微信公众号，走亲民路线。他们长期以来积累了丰富的科普资源，具有权威的科普地位，很容易获得社会公众的认可和关注，吸纳更多的参与者，在关注度和信息量上具有突出的优势。

高山梨园

三、科普方式

农产品质量安全的科普方式，可根据科普目的与时效、科普媒介和科普形式划分为不同的类型。

（一）根据科普目的与时效划分

根据科普目的与时效，可把农产品质量安全科普分为长期科普、短期科普和应急科普三类。

1. 长期科普

长期科普，就是将农产品质量安全科普工作纳入正规的教育教学体系，在幼儿园、小学、中学和大学，开设与农产品质量安全相关的教学课程。普及农产品质量安全知识，要从娃娃抓起，要让他们从小就有安全意识，知道什么是农产品（包括食品）质量安全，食用不安全的农产品有什么危害，从小养成良好习惯，长大后能客观、理性地看待农产品质量安全问题，自觉维护农产品质量安全。

2. 短期科普

短期科普，是指针对农产品质量安全中的某一问题或某一类问题而进行一段时间的集中教育培训活动。通过举办短期培训，让参培人员对农产品质量安全相关知识、技术和安全生产、安全消费以及相关法律法规等有更深入的了解。比如，农产品质量安全相关法律法规和质量标准、政策措施出台后开展的宣传培训，各级农业部门举办的农产品质量安全监管培训，基层农业部门针对农兽渔药安全使用等问题举办的各类科普知识讲堂（讲习班），各级农业部门经常组织的进社区、进学校、进基地开展的科技讲座、展览、咨询和“农产品质量安全宣传周”等等。

3. 应急科普

应急科普，是指农产品质量安全突发问题事件发生后，相关部门为了及时回应社会关切的问题，化解公众疑虑，消除负面影响，在第一时间开展的具有高度针对性的法律法规宣传、专家科学解读、安全常识普及等活动。应急科普活动常常通过传统媒体（如报纸、电视、广播等）或新兴媒体（如微博、微信、微视频和客户端等）平台开展，具有很强的时效性和权威性。

李子采摘

（二）根据科普媒介划分

除坊间的口耳相传外，农产品质量安全科普的媒介主要包括传统媒体、网络媒体和新兴的融媒体等。

1. 传统媒体科普

报纸、电视、广播、书刊等传统媒体是社会公众获取信息的主要渠道，其权威性和可信度比较高。在农产品质量安全科普中，要重视和发挥传统媒体的作用，坚守传统媒体的舆论阵地，充分利用传统媒体宣传平台推广、普及农产品质量安全相关知识和技术，推进安全生产，引导安全消费。此外，公共场所的科普展板、宣传栏、电子显示屏等也是行之有效的农产品质量安全科普宣传载体。

2. 网络媒体科普

在“互联网+”背景下，信息传播形式和载体更加多元化，社会舆论的议程设置越来越多地来自于互联网。目前已发展了基于网络媒体的多种科普平台，如农产品质量安全科普资源共享服务平台、科普社交平台、农业科技手机报、主题科普宣传网站（网页）、科普微博、科普微信公众号、科普微视频、科普 APP 等。以微博、微信、微视频（抖音）和手机客户端为代表的“三微一端”对农产品质量安全舆论议程设置的主导作用日益凸显。利用网络媒体开展农产品质量安全科普，势在必行。农业农村部组织农产品质量安全风险评估专家利用新华网、中国食品辟谣联盟、农产品质量安全科普天地微信公众号等主流媒体和自媒体发布各类具有针对性的科普辟谣文章，效果十分明显。

3. 融媒体科普

以互联网和智能手机等为基础的新兴媒体，具有融合多种媒体的信息整合功能。新兴媒体与传统媒体的多重立体组合，表现出信息传播形式的多样性和传播内容的多元化，具有更好的传播效果。近年来，众多传统媒体进军新兴媒体，能把报纸、电视、广播、书刊等传统媒体与互联网、智能手机等新兴媒体传播渠道有效结合起来，使原本单一的文字、音频、视频节目有了更为丰富多彩的文字、图片、音频、视频乃至动漫等融合表现形式，社会公众可以打破时间、空间限制，随时随地接受科学知识，随心所欲收看自己喜欢的视频资料。此外，智能手机等智能终端还可以通过后台云计算、大数据和个性化的分析，了解社会公众的兴趣点，有针对性地进行科普知识推送。要重视和加强融媒体科普在农产品质量安全科普中的作用，打造基于融媒体矩阵的农产品质量安全科普产品。

（三）根据科普形式划分

在农产品质量安全科普活动中，不断优化科普形式，选择科普手段，丰富内容选择空间，就能减缓社会公众的视觉疲劳，不断增强科普的渗透力，实时提高科普效果。根据科普形式，可把农产品质量安全科普分为平面科普、音频科普、视频科普和互动科普四类。

1. 平面科普

以平面化的文字、图片（包括图表、照片和漫画等）为主要内容，通过图书、报纸、期刊、展板、宣传栏、电子显示屏、网站（网页）、博客、微博、微信公众号等形式发表农产品质量安全科普文章，介绍安全生产、安全消费科普常识，是基层农产品质量安全科普的主要形式。要有针对性地贴合社会公众的关注点和认知水平，科普内容简洁、文字通俗易懂，增加趣味性。还可以对科普内容进行文学加工，编写科学童话、科普故事、科普诗歌、科普小品、科普歌曲，特别是科普段子（顺口溜）等。

2. 音频科普

将科普内容制作成音频在电台、社区广播、网络、手机中播放，也是农产品质量安全科普的一种常用形式。社会公众在闲暇之余就能通过电台、手机或车载音响等接受农产品质量安全科普，既不占用额外时间，又能轻松获得相关知识。

3. 视频科普

电视（网络电视）、网络直播、微视频、抖音、动漫视频等形式的农产品质量安全科普，如专家的现身说法、动漫主角的台词代言等，形象生动，变静态为动态，更容易让社会公众接受。如农业农村部农产品质量安全专家编导的“空心草莓”“避孕药黄瓜”“甲醛白菜”等科普视频和“塑料紫菜”“塑料粉丝”事件的辟谣视频等。

南瓜丰收

4. 互动科普

社会公众在互动中获取科普知识，是未来科普的重要发展方向，农产品质量安全科普应充分利用互动科普的形式。比如通过扫描识别二维码、参与农事体验开展科普，在电视、网络、手机中以及现场游戏互动中开展科普，利用演讲比赛、问答互动、转发集赞、看视频、街舞、拉丁、武术、歌曲等开展科普，组织社会公众参与电视或网络直播的农产品质量安全知识竞赛等开展科普，让社会公众在各种互动中享受科学的滋润，与科学互粉。

四、科普管理

农产品质量安全科普工作是一个长期的、艰巨的、复杂的系统工程，需要科学的顶层设计、稳定的媒介平台和有效的管理手段，以持续提高科普的成效。科普管理包括科普队伍建设、科普阵地管理、各部门协同推进、创新科普服务和条件保障支撑等。

（一）队伍建设

基层农产品质量安全管理机构是面向社会公众开展农产品质量安全科普工作的重要力量，应树立人人参与科普的理念，组建科普专员队伍，明确工作职责，制订科普计划，开展科普活动。科普专员队伍由基层农产品质量安全管理机构工作人员、辖区内农产品质量安全村级协管员、企业内检员、超市生鲜食品质量管理员组成，负责策划并组织实施管辖范围内的农产品质量安全科普活动，设计科普实施方案，编撰科普宣传资料，协调落实上级安排的科普活动，开展科普业务培训。要分梯次组织科普专员参加上级业务部门组织的科普技能培训和科普观摩活动，为基层农

红柠檬

产品质量安全科普提供良好的智力支持和基本的人才储备。要建立考核评价和激励机制，将科普工作作为基层农产品质量安全管理机构工作人员年度考核的重要内容、村级协管员年度工作绩效的重要指标、企业内检员履行职责的重要凭证、超市生鲜食品质量管理员有效协作的重要依据。通过考核评比，不断激发各类科普专员的工作热情。

（二）阵地管理

农产品质量安全科普阵地是提升全民科学素养的重要载体，是社会公众了解农产品质量安全知识的有效平台。要在充分利用好原有的科普阵地的同时，不断挖掘、开辟新的科普阵地。要建立科普阵地共享机制，有效共享社区科普大学、社区宣传栏、新型农民职业培训阵地和科协、科委等部门建立的科普示范基地等科普资源。要鼓励农产品生产经营者设立科普宣传专栏，有条件的可设立农事体验科普场所。要结合“三园两场”项目建设、名特优新农产品推荐、绿色食品原料基地创建等，每个乡镇建立 1 ～ 2 个农产品质量安全科普示范点。科普示范点一般应有以下五项配置：一是科普场所，设立农产品质量安全科普宣传栏、电子显示屏、科普知识展板等设施；二是科普专员，负责组织科普活动和对外宣讲；三是工作机制，管理制度健全，科普计划到位，科普活动常态化；四是展示场地，对外展示企业追溯管理、信誉评价等级、全程质量控制、优质安全产品、科学消费方法等；五是示范基地，开展新品种、新技术、新模式示范和现代科技应用展示，发挥带动引领作用。农产品质量安全科普示范点，是社会公众学习科学知识，接受技术培训最直接的前沿科普阵地，不仅能普及农产品质量安全知识，提高科学认知水平，消除认识误区，而且对促进社会公众树立科学意识，崇尚科学精神，提高科学素养，提升应用科学知识处理各种实际问题和参与公共事务的能力等都具有积极的意义。

（三）协同推进

开展农产品质量安全科普，是提升公民科学素质的重要举措。各地各有关部门要将公民科学素质建设相关任务纳入工作规划和年度计划，加大政策支持，增加经费投入，加强监督检查，推动各项科普工作任务落到实处。基层农产品质量安全公共服务机构，要主动向当地政府报告，与科协等相关部门沟通，争取农业部门进入当地科普联席会议领导小组，把农产品质量安全纳入当地科普工作；要与科委、规划、国土、建委、气象、消防等部门联动，实现信息互通、资源共享，共同推进农产品质量安全科普工作。

（四）创新服务

一是定计划。科普宣传不能狂轰滥炸，让人生厌，要有目的、有计划、恰到好处地让社会公众入脑入心。根据当地农事活动的季节性和科普周期性的特点确定科普时间和科普内容。对于重点时间节点，要提前谋划，适时展开科普活动。二是转方式。结合科技活动周、科普活动月，在利用社区老年大学、新型职业农民培训等多种方式开展科普讲座、科普展览、知识竞赛、科技咨询的同时，要根据年龄、职业、文化层次和兴趣爱好不同的科普对象，围绕农产品安全生产和安全消费问题，从日常生活入手，积极寻找他们喜闻乐见的科普方式与载体，变被动接受为主动参与、积极配合。如在文艺节目中说科普、唱科普、演科普，用体育健身方式宣传科普，用游戏、体验、问答、竞赛等互动方式开展科普，提高科普效率。三是融载体。要充分发挥传统媒体、网络媒体、新兴媒体“三位一体”的平台功能作用，多频道、全方位传播农产品质量安全知识，投放丰富多彩、灵活多样的农产品质量安全信息元素，让农产品质量安全知识入耳、入脑、入心，实现社会公众对农产品质量安全的认识、认知和认同。

猕猴桃苗圃

（五）保障支撑

对农产品质量安全，社会公众的期待越来越高，党和政府的要求越来越严，农产品质量安全信息传播渠道越来越广，科普服务任务越来越重。要建立农产品质量安全科普保障机制，一是改善科普硬件条件，加大计算机软件系统等技术的升级换代，更新和完善硬件设备、基础设施，配置便携式网络终端和无线网络支持，加大现代网络信息技术的应用力度，提高科普效率；二是增加科普经费投入，保障科普人员和科普工作运转经费以及科普宣传专项经费，稳定科普工作队伍，改善科普工作条件，落实基层科普专员待遇。

第二章 农产品质量安全科普内容

农产品包装标识检查

开展农产品质量安全科普的目的就是要让社会公众了解和掌握农产品安全生产、安全消费的基本常识和科学知识。但是，相关知识浩如烟海，农产品质量安全科普不能漫无目的、盲目行动，既要针对社会关切的问题，普及当前急需的问题事件的相关知识，又要着眼长远，有计划、有步骤地普及农产品质量安全科学知识。农产品质量安全科普的主要内容包括政策法规、产地环境、农业投入品、生产过程控制、产地初加工与贮存运输以及农产品自身特性等方面的知识。

一、政策法规知识

政策法规知识主要包括与农产品质量安全和信息传播等相关的法律法规、规章制度和政策措施的知识。如《中华人民共和国农产品质量安全法》《中华人民共和国产品质量法》《中华人民共和国农业法》《中华人民共和国食品安全法》《农药管理条例》《农产品质量安全监测管理办法》《农业生产资料市场监督管理办法》《农药管理条例实施办法》《中华人民共和国刑法》《中华人民共和国行政诉讼法》《全国人民代表大会常务委员会关于维护互联网安全的决定》《最高人民法院、最高人民检察院关于办理利用信息网络实施诽谤等刑事案件适用法律若干问题的解释》《最高人民法院关于审理编造、故意传播虚假恐怖信息刑事案件适用法律若干问题的解释》等。

近年来的农产品质量安全舆情监测发现，部分社会公众明显存在涉及农产品质量安全方面的政策法规知识缺陷，一些生产经营者不知道高毒农药强制限量标准和违法生产经营的严重后果，一些媒体不清楚农产品质量安全法、食品安全法和信息发布、传播的法律规定，一些网民不知道造谣传谣的法律后果。要通过农产品质量安全科普工作让社会公众了解国家有关农产品质量安全的法律法规、规章制度、政策措施以及农产品质量安全监管、认证认可、质量追溯、标准规范及行政执法等方面的知识。

二、产地环境知识

农产品产地是指农业植物、动物、微生物及其产品生长、生活和初级加工的相关区域和场地。农产品产地环境是指这些区域的大气、土壤和水体等环境条件。农产品产地环境安全是指农产品产地环境质量符合农产品质量安全的要求。《中华人民共和国农产品质量安全法》规定，根据农产品品种特性和生产区域大气、土壤、水体中有毒有害物质状况等因素，由县级以上地方人民政府划定农产品的适宜生产区和禁止生产区。禁止在有毒有害物质超过规定标准的区域生产、捕捞、采集食用农产品和建立农产品生产基地。通过产地环境的清洁化、生产过程的绿色化保护好农产品产地环境。

农产品质量安全是“产出来”的。农产品产地环境的好坏是影响农产品质量安全的主要因素。抓好农产品产地环境管理，是保障农产品质量安全的基本前提。产地环境引发农产品质量安全问题的主要因素是重金属和持久性有机污染物等超标。农产品中的重金属主要是铅、镉、铬等，主要来源于工业“三废”的排放及城市垃圾、污泥和含重金属的化肥、农药，还有汽车尾气等。污水中镉、铅、汞、砷等重金属含量相对较高，如果不进行处理后再灌溉，则容易造成产地环境的重金属含量超标。肥料尤其是氮肥的过量施用，易导致蔬菜中硝酸盐含量超标和地下水硝酸盐污染。二噁英、多氯联苯、多环芳烃等持久性有机污染物在畜禽产品中的富集也随工业污染的扩散而加剧。此外，农产品生产过程中的物理因子诸如放射性辐射的危害也可能存在。

近年来，因产地环境污染而严重影响农产品质量安全的问题时有发生。如湖南“镉大米”、鸡西玉米石墨污染，蘑菇及葵花籽富含重金属争议，日本核辐射食品等。要通过农产品质量安全科普工作让社会公众特别是生产者熟悉并科学认知农产品产地环境条件与农产品质量安全的相关性、产地污染种类、污染成因、污染现状、限量标准、防治修复、禁止生产区以及农产品对产地环境污染的富集特性等知识。

葡萄种植基地

三、农业投入品知识

农业投入品是指在农产品生产过程中使用或添加的物质，主要包括生物投入品、化学投入品和农业设施设备等三大类。生物投入品主要包括种子、苗木、微生物制剂（包括疫苗）、天敌生物和转基因种苗等。化学投入品主要包括化学肥料、农兽渔药（包括生物源农药）、植物生长调节剂、饲料和饲料添加剂、动物激素、抗生素、保鲜剂等。农业设施设备主要包括农机具、农膜、温室大棚、灌溉设施、养殖设施、环境调节设施等。

近年来，农业投入品中农兽渔药残留超标、违规使用抗生素、化肥农药中重金属超标等是诱发农产品质量安全问题事件的高危因子。化肥中含有的重金属元素、放射性物质和劣质磷肥中含有的三氯乙醛、氟化物等，使产地环境和农产品重金属含量超标，造成污染。农作物种植过程中施用的有机肥多来源于附近养殖场的畜禽粪便，其中镉、铅、砷、汞等的含量超标，从而造成产地环境和果蔬中重金属含量超标。要通过农产品质量安全科普工作，让社会公众特别是生产者了解和掌握肥料、农兽渔药等农业投入品的增产作用及其安全性，农兽渔药残留的限量标准、使用方法（用法用量及适用范围）、安全间隔期及休药期，高毒禁（限）用农药的危害及使用限制，生长调节类物质的功能作用及其使用方法、限量标准，植物激素与动物激素的区别，人类用药（如避孕药）与动植物的关系，食品添加剂的使用规范等等。

四、生产过程控制知识

农产品质量安全科普知识，除了农产品生产过程中产地环境和农业投入品外，还包括动植物品种（如“速生”鸡鸭、大个瓜果、无籽瓜果）、种养殖技术（如轮作间套、稻田综合利用、套袋、授粉、底肥、追肥、叶面施肥、大棚技术、反季节蔬菜、畜禽养殖技术等）、病虫草害化学、物理和生物防控技术等知识。要让社会公众了解农药残留与农药残留超标不是一回事，化肥农药不能催熟早稻、木耳，早春茶叶不会施用大量农药，无籽瓜果不是抹了避孕药，西红柿耐贮存可能是因为品种原因，瓜果爆炸（如西瓜爆炸、柚子开口）不一定是因为用了膨大剂，“黄瓜”顶花带刺与避孕药无关，有虫眼的蔬菜不一定没施农药，瓜果叶面施肥及套袋生产是一种正常的生产技术，畜禽出栏快是因为品种、饲料及养殖条件的改善，稻田养鱼蟹不一定就会农药残留超标，养黄鳝不会用避孕药催肥以及柑橘、樱桃、杨梅等水果出现蛆虫是

脐橙

怎么回事等等，以消除疑虑，避免以讹传讹。

五、产地初加工与贮存运输知识

农产品在离开原产地进入市场销售之前常常需要进行一些初级的加工程序，比如分割切片、分级遴选、打蜡包装、贴标捆绑等，还存在贮存保鲜、长短途运输等环节。这些方面的相关知识也是农产品质量安全科普的重要内容。近年来涉及农产品初加工过程的问题争议也时有发生。如农产品分割后发生变色变味，受到生物污染和化学污染，胶带捆绑蔬菜是否甲醛超标危害，果品上的标贴是否有毒有害，以及荔枝冰水保鲜、蒜薹保鲜剂的安全性、贮存运输过程中的保鲜剂、保活剂、防腐剂的使用等等。要通过农产品质量安全科普工作，让社会公众特别是农产品加工、运输、销售人员和普通消费者了解包括加工方法、加工过程（如切割引起的自然变色反应）、包装材料及包装方式、标贴及捆绑胶带、添加剂、保鲜剂、保活剂、防腐剂、贮存保鲜技术等的安全使用与农产品质量安全的关系，区分正常使用与违规操作，以及生产加工过程中残留杂质如玻璃碴、金属屑、石块和木渣等方面的安全知识。

六、农产品自身特性知识

农产品都是生物及其产品，有其自身的生长发育规律和物理学、化学、生物学特性，如外观形态变异、高温蒸煮变色脱色、内含物氧化变色、休眠芽萌发产生毒素等。

这些知识也是农产品质量安全科普的重要内容。

近年来，一些农产品质量安全舆情事件暴露出部分社会公众远离农业生产，对部分农产品的自身特性缺乏基本的了解，不知道农业动植物的生长发育特性，不熟悉农产品的生产过程，不了解生物的多样性。如以为果蔬上的“白霜”是农药残留、香蕉的“艾滋病”会传染人，分不清大米和塑料粒，无法区分紫菜和塑料，不知道有色农产品遇高温或水浸泡可能会脱色、扁豆要熟透才能吃、食用发芽土豆易中毒、新鲜黄花菜不宜多吃等等。要通过农产品质量安全科普，让社会公众特别是普通消费者了解农产品的自身特性，包括生物毒素（如毒蘑菇、半生不熟扁豆、霉变甘蔗、樱桃核的毒性、生姜中的黄樟素、猪肉中的“钩虫”、鱼腥草致癌等）、农产品长相变异（如畸形瓜果、个大瓜果、圣女果、弯黄瓜与直黄瓜）、农产品品种特征（如草莓掉色、杨梅脱色、煮紫玉米出色、苹果“出血”）

猪腰枣

等基本知识，提高对农产品质量安全的认知水平和安全消费素养。

七、其他

如今一些自媒体上常常传播一些伪科学的话题，包括打针瓜果、人造鸡蛋、人造生菜、豆浆致癌、蜂王浆致癌、面条掺胶等，以及非法添加非食用物质如瘦肉精、三聚氰胺、化工颜料等违法犯罪问题，以及食物相克一类的话题……这些都需要通过农产品质量安全科普来化解疑虑，还原本质，指导农产品安全消费。

检查高粱抽穗结实

第三章　农产品质量安全基础知识

一、什么是农产品？

根据《中华人民共和国农产品质量安全法》和《中华人民共和国食品安全法》等，农产品及食品质量安全所指的“农产品”主要是食用农产品。2006 年 11 月施行的《农产品质量安全法》第二条明文规定，“本法所称农产品，是指来源于农业的初级产品，即在农业活动中获得的植物、动物、微生物及其产品。”《农产品质量安全法》中讲的“农业活动”，既包括传统的种植、养殖、采摘、捕捞等传统农业活动，也包括设施农业、生物工程等现代农业活动。“植物、动物、微生物及其产品”通常是指在农业活动中直接获得的以及经过分拣、去皮、剥壳、粉碎、清洗、切割、冷冻、打蜡、分级、包装等加工，但未改变其基本自然形状和化学性质的初加工产品。

二、什么是农业投入品?

农业投入品是指在农业和农产品生产过程中使用或添加的物质，主要包括生物投入品、化学投入品和农业设施设备三大类。生物投入品主要包括种子、种苗、苗木、微生物制剂（包括疫苗）和天敌生物等；化学投入品主要包括肥料、农药（包括生物源农药）、兽药、渔药、植物生长调节剂、动物激素、抗生素、保鲜剂等；农业设施设备主要包括农机具、农膜、温室大棚、灌溉设施、养殖设施、环境调节设施等。公众比较关注的与农产品质量安全有关的农业投入品及其残留问题主要指的是化学投入品及其残留。

三、什么是危害、风险及风险分析?

《农产品质量安全法》第六条明文规定；“国务院农业行政主管部门应当设立由有关专家组成的农产品质量安全风险评估专家委员会，对可能影响农产品质量安全的潜在危害进行风险分析和评估。”危害是指农产品中潜在的可能对人类、动植物健康或环境产生不良效应的生物、化学或物理性因子或条件。风险是指农产品中的某种危害对人类、动植物健康或环境产生不良效应的可能性和严重性。风险分析是指对农产品中对人类、动植物健康或环境可能产生不良效应的危害进行评价，并在此基础上采取的规避或降低危害影响的措施。风险分析是由风险评估、风险管理和风险交流三部分共同构成的一个过程。风险评估是指在特定条件下，对动物、植物或环境暴露于某种危害因素产生或将产生不良效应的可能性和严重性的科学评价。风险评估是农产品质量安全管理的科学基础，是制定修订有关强制性的农产品质量安全标准的科学依据。风险管理是根据风险评估结果，对备选的管理方案进行权衡，并且在需要时选择和实施恰当的管理和监控措施的过程。风险交流则是指在风险评估人员、风险管理人员、生产者、消费者和其他有关团体之间就与风险有关的信息和意见进行相互交流。

农业生产是一个开放的系统。根据来源不同，影响农产品质量安全的危害因素主要包括农业种养过程可能产生的危害、农产品保鲜包装贮运过程可能产生的危害、农产品自身的生长发育过程中产生的危害、农业生产中新技术应用带来的潜在危害四个方面。农业种养过程可能产生的危害包括因投入品不合理使用或非法使用造成的农药、兽药、渔药、硝酸盐、生长调节剂、添加剂等有毒有害残留物，产地环境带来的铅、镉、汞、砷等重金属元素，石油烃、多环芳烃等有机污染物，以及六六六、滴滴涕等持久性有机污染物。农产品保鲜包装贮运过程可能产生的危害包括贮存过程中不合理或非法使用的保鲜剂、催熟剂和包装运输材料中有害化学物等产生的污染。农产品自身的生长发育过程中产生的危害有如生物毒素、禽流感病毒等。农业生产中新技术应用带来的潜在危害有如外来物种侵入、非法转基因品种等。

四、什么是农产品质量安全？哪些农产品不得上市销售？

根据《农产品质量安全法》的定义，农产品质量安全是指农产品质量符合保障人的健康、安全的要求。而农产品质量既包括涉及人体健康、安全的安全性要求，也包括涉及产品的营养成分、口感、色香味等非安全性的一般品质指标。需要由法律法规强制保障的，主要是农产品质量中的安全性要求及指标，如有害重金属元素含量、农兽渔药残留、致病微生物等，要确保这些指标在标准规定的限量之内。

《农产品质量安全法》规定，有下列情形之一的农产品，不得上市销售：①含有国家禁止使用的农药、兽药或者其他化学物质的。②农药、兽药等化学物质残留或者含有的重金属等有毒有害物质不符合农产品质量安全标准的。③含有的致病性寄生虫、微生物或者生物毒素不符合农产品质量安全标准的。④使用的保鲜剂、防腐剂、添加剂等材料不符合国家有关强制性技术规范的。⑤其他不符合农产品质量安全标准的。

五、农产品质量安全标准是什么？

根据国际标准化组织（ISO）的定义，标准是以科学、技术、经验的综合成果为基础，以促进最佳社会效益为目的，经协商一致并经一个公认机构所批准，在一定范围内共同遵守的技术性文件。农产品质量安全标准是指依据有关法律、行政法规的规定制定和发布的农产品质量安全的强制性技术规范。一般是指规定农产品质量要求和卫生条件，以保障人的健康、安全的技术规范和要求。如农产品中农药、兽药等化学物质的残留限量，农产品中重金属等有毒有害物质的允许量，致病性寄生虫、微生物或者生物毒素的规定，对农药、兽药、添加剂、保鲜剂、防腐剂等化学物质的使用规定等。农产品质量安全标准是强制性的技术规范，禁止生产、销售不符合国家规定的农产品质量安全标准的农产品。符合国家规定的农产品质量安全标准限量的农产品就是安全的。

水产捕捞

六、抽检合格率是什么？

产品合格率是指一批产品生产出来后，需要检测，检测出来的合格产品占产品总数的百分数。食用农产品种类多，数量大，经营主体多，货架寿命较短，很难做到对每一个产品、每一批产品进行全面检验检测，一般以抽检合格率表示。抽检合格率即抽样检验合格率。抽样检验又称抽样检查，是从一批产品中按统计学方法和规定的有关参数随机抽取少量产品（样本） 进行检验，据以判断该批产品是否合格的方法和理论。它与全面检验不同之处在于，后者需对整批产品逐个进行检验，把其中的不合格品拣出来，而抽样检验则根据样本中的产品检验结果来推断整批产品的质量。如果推断结果认为该批产品符合预先规定的合格标准，就认为该批次产品合格。所以，经过抽样检验认为合格的一批产品中，很可能含有一些不合格品。

七、如何看待农产品质量安全的“检出”和“超标”？

农产品在生产加工过程中难免受到各种污染，或多或少存在有毒有害物质残留，有些少到精密仪器也无法检测到，这就需要制定一个标准来衡量残留多少会危及人类健康。这就是“检出”与“超标”的问题。所谓“检出”，是指采用特定的检测方法，检测到农产品中污染物的残留量达到或超过方法的检测限（最低检测浓度）。而“超标”是指在检测中检出值超过规定的污染物限量标准值。是否“检出”，不仅取决于污染物的残留量，还取决于所采用的检测仪器和检测方法的灵敏度。近年来随着科技的发展，农产品质量安全检测技术有了很大进步，检测仪器和检测方法灵敏度提高，以前无法检测或低剂量的污染物采用现有手段可能被检出，以前检测单位是 g/kg，检测不出来就写“未检出”，现在是 μg/kg，很少写“未检出”。因此，近年来关于农产品中污染物“检出”的报道日渐增多。在农产品中有危害因子的检出并不可怕，“检出”并不一定“超标”，关键是要严控“超标”。以农药残留为例，农业生产中不可避免地会使用农药，所以农产品中很可能含有农药残留，会有低剂量农药的检出，但只要不超标，就可以放心安全食用。因此，现在很多媒体报道中的农产品质量安全问题并不符合农产品质量安全的定义。有毒有害物质是不是会构成农产品质量安全问题，不仅取决于其毒性强度，还与人体摄入量有关。由此可见，一些报道中经常以某某产品“检出”某农药为由渲染农产品质量安全事件是不科学的，也是不负责任的。

八、如何看待农产品中的农药残留？

农药残留是指农药施用后残存于生物体、农产品（或食品）及环境中的微量农药、农药的有毒代谢物和杂质的总称。残存农药的数量即残留量，常以每千克中有多少毫克（mg/kg）表示。农药残留是施药后的必然现象，但如果超过最大残留限量标准，会产生对人畜不良影响或通过食物链对生态系统中的生物造成毒害的风险。

食用含有农药残留的农产品是否安全取决于农药的残留量、毒性和食用的量。为确保农产品的安全，各国根据农药的毒理学数据（主要是每日允许摄入量和急性参考剂量）和居民食物结构等制定农药残留限量标准，残留量低于标准是安全的，可以放心食用，而残留超标农产品则存在安全风险，不应食用。其实，在制定残留标准时增加了至少 100 倍的安全系数，因此残留标准具有很大的保险系数，理论上讲，即使误食少量残留超标农产品也可能不会发生安全事故。

近年来，时有网民发出“能不能不使用农药”的疑问。其实，全世界使用农药也就 200 多年的历史，但在这期间农药的使用量不断增加，这是因为人口增长需要大力发展农业生产，以保障粮食的安全供给；同时，现代农业的发展也越来越依赖农药的使用。有研究指出，农作物病虫草害引起的损失最多可达 70%，通过正确使用农药可以挽回 40% 左右的损失。我国是一个人口众多耕地紧张的国家，粮食增产和农民增收始终是农业生产的主要目标，而使用农药控制病虫草害从而减少粮食减产是必要的技术措施，如果不用农药，我国肯定会出现饥荒！农业机械化等现代农业技术需要使用农药进行除草、控高、脱叶、坐果等措施，以利于机械化操作。农药对植物来说，犹如医药对人类一样重要，且必不可少。

九、在农业生产中如何合理使用农药?

农药使用不合理是农药残留超标的主要原因。在农业生产实际中，有个别农户会在蔬菜等作物上使用国家明令禁止使用的高毒农药，或超量、超范围使用允许使用的农药，或使用农药后不到安全间隔期就采收，从而导致了农产品中农药残留超标现象的发生。此外，农产品中农药残留超标还可能会有其他原因。一是农药本身引起的问题，如使用的农药中含有其他农药成分，某些农药可代谢转化为更高毒性的其他农药；二是环境污染引起的问题，如周围农田使用农药后产生的药液漂移，上茬作物使用后的农药残留。

科学合理使用农药，减少农药残留，应从以下几个方面入手：①遵守农药安全使用规则，严禁剧毒、高毒、高残留或具有三致性（致癌、致畸、致突变）的农药在农产品上施用。农药合理施用准则中明确给出了农药的名称、适用的作物、主要的防治对象、使用的剂量或稀释倍数、施药的方法、安全间隔期、施药的说明以及最大残留限量等。②遵循农药安全间隔期。农药安全间隔期是指最后一次施药至收获、食用作物前的时间，也就是自喷药后到残留量降至最大允许残留量时所需要的时间。各种农药的安全间隔期因药剂品种、作物种类及施药季节的不同而不同。在实际生产中，最后一次施药到作物收获之前的时间必须大于所规定的安全间隔期，不允许在安全间隔期内收获作物。③注意安全防护。施药后剩余药液应集中安全处理，不得随意泼洒，废弃和过期农药不能随便丢弃，以免产生药害。④尽量减少用药，在生产过程中，采用田园清洁，

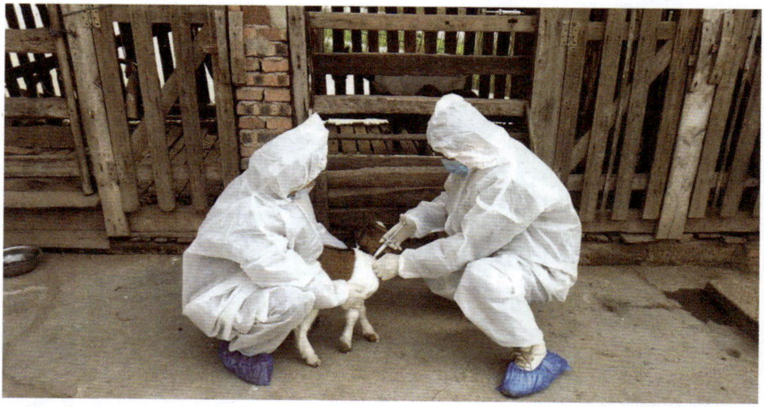

羊免疫注射

合理密植等农艺措施，形成不利于病虫害发生的条件；在条件允许时，优先采用粘虫板、黑光灯等物理措施灭害虫。

十、我国禁止使用的高毒高风险农兽渔药有哪些？

截至 2019 年 8 月底，农业农村部公告已累计禁用 39 种高毒高风险农药，分别为六六六、滴滴涕、毒杀芬、二溴氯丙烷、杀虫脒、二溴乙烷、除草醚、艾氏剂、狄氏剂、汞制剂、砷类、铅类、敌枯双、氟乙酰胺、甘氟、毒鼠强、氟乙酸钠、毒鼠硅、甲胺磷、甲基对硫磷、对硫磷、久效磷、磷胺、苯线磷、地虫硫磷、甲基硫环磷、磷化钙、磷化镁、磷化锌、硫线磷、蝇毒磷、治螟磷、特丁硫磷、氯磺隆、福美胂、福美甲胂、胺苯磺隆单剂、甲磺隆单剂、百草枯。

我国禁止在饲料和动物饮用水中使用的药物品种有肾上腺素受体激动剂，包括盐酸克伦特罗、沙丁胺醇、硫酸沙丁胺醇、莱克多巴胺、盐酸多巴胺、西马特罗、硫酸特布他林、苯乙醇胺、班布特罗、 盐酸齐帕特罗、盐酸氯丙那林、马布特罗、西布特罗、溴布特罗、酒石酸阿福特罗、富马酸福莫特罗；性激素，包括己烯雌酚、雌二醇、戊酸雌二醇、苯甲酸雌二醇、氯烯雌醚、炔诺醇、炔诺醚、醋酸氯地孕酮、左炔诺孕酮、炔诺酮、绒毛膜促性腺激素（绒促性素）；促卵泡生长激素，包括尿促性素主要含卵泡刺激 FSHT 和黄体生成素 LH；蛋白同化激素，包括碘化酪蛋白、苯丙酸诺龙及苯丙酸诺龙注射液；精神药品，包括（盐酸）氯丙嗪、盐酸异丙嗪、安定（地西泮）、 苯巴比妥、苯巴比妥钠、巴比妥、异戊巴比妥、异戊巴比妥钠、利血平、艾司唑仑、甲丙氨脂、咪达唑仑、硝西泮、奥沙西泮、匹莫林、三唑仑、唑吡旦、盐酸可乐定、盐酸赛庚啶、其他国家管制的精神药品；各种抗生素滤渣，该类物质是抗生素类产品生产过程中产生的工业三废，因含有微量抗生素成分，在饲料和饲养过程中使用后对动物有一定的促生长作用。但对养殖业的危害很大，一是容易引起耐药性，二是由于未做安全性试验，存在各种安全隐患。

食品动物禁用的兽药及其他化合物有 β－受体激动剂，包括克仑特罗、沙丁胺醇、西马特罗及其盐、酯及制剂；性激素类，包括己烯雌酚及其盐、酯及制剂；具有雌激素样作用的物质，包括玉米赤霉醇、去甲雄三烯醇酮、醋酸甲孕酮及制剂；氯霉素及其盐、酯（含琥珀氯霉素）及制剂；氨苯砜及制剂；硝基呋喃类，包括呋喃西林和呋喃妥因及其盐、酯及制剂，呋喃唑酮、呋喃它酮、呋喃苯烯酸钠及制剂；硝基化合物，包括硝基酚钠、硝呋烯腙及制剂；催眠、镇静类，包括安眠酮及制剂；硝基咪唑类，包括替硝唑及其盐、酯及制剂；喹噁啉类，包括卡巴氧及其盐、酯及制剂；抗生素类，包括万古霉素及其盐、酯及制剂。

禁用于所有食品动物用作杀虫剂、清塘剂、抗菌或杀螺剂的兽药包括林丹（六六六）、毒杀芬（氯化烯）、呋喃丹（克百威）、杀虫脒（克死螨）、酒石酸锑钾、锥虫胂胺、孔雀石绿、五氯酚酸钠及各种汞制剂。汞制剂包括氯化亚汞（甘汞）、硝酸亚汞、醋酸汞、吡啶基醋酸汞。

禁用于所有食品动物用作促生长的兽药有性激素类，包括甲基睾丸酮、丙酸睾酮、苯丙酸诺龙、苯甲酸雌二醇及其盐、酯及制剂；催眠、镇静类，包括氯丙嗪、地西泮（安定）及其盐、酯及其制剂；硝基咪唑类，包括甲硝唑、地美硝唑及其盐、酯及制剂。

禁用于水生食品动物用作杀虫剂的兽药包括双甲脒。

十一、如何正确认识农产品生产中使用的植物激素和动物激素？

植物生长调节剂（通常也被称作植物激素）是用于调节植物生长发育的微量有机物质，既可以是植物体内自身产生的、可以调节植物生长发育的一类物质（又叫内源性植物激素），也可以是经人工提取或发酵或合成出来、结构类似或作用类似的物质（也叫外源性植物激素或植物生长调节剂）。如植物体内本身含有赤霉素以调节生长发育，也可人工通过发酵生产赤霉素，并应用于植物，这种外源添加的赤霉素可以弥补内源赤霉素的不足。从功效上来说植物生长调节剂可以分为植物生长促进剂（如赤霉素、乙烯利等）、植物生长延缓剂（如矮壮素、多效唑等）和植物生长抑制剂（如抑芽丹等）。植物生长调节剂可通过对作物生长发育的调节和控制，达到高产、优质、高效或提早上市等目的。由于植物生长调节剂本身毒性都很低，并且使用微量就能起作用，降解又快，使用后在水果等产品中的残留量极低，对消费者非常安全。植物生长调节剂作为一种现代农业先进技术，具有使用效果好、对人类和动物及环境安全等优点，已在全世界得到广泛使用。植物生长调节剂作为一类农药，与杀虫剂、杀菌剂、除草剂等相比，它们对高等动物的毒性较低，绝大部分属低毒农药，但毕竟还是有一定的毒副作用，因此每种植物生长调节剂都有特定的用途，而且应用技术要求相当严格，只有在特定的施用条件（包括外界因素）下才能对目标植物产生特定的功效。农业部发布的《农药合理使用准则》（GB8321）系列国家标准对包括植物生长调节剂在内的农药的适用作物、防治对象、施药剂量、施药方法、最大施药次数、安全间隔期以及最高残留限量值都有明确规定。按照《农药合理使用准则》施药和采收，植物生长调节剂的残留量均低于国家限量标准，能够保证农产品的质量安全。

动物激素是由动物分泌细胞或内分泌腺分泌的一类调

节和传递信息的化学物质，大部分是蛋白质，少部分是核糖核酸（RNA）和固醇类物质，在动物的生长、发育中具有重要的生理功能作用。植物激素与动物激素的化学结构、作用靶标、作用机理完全不同，植物与动物在组织结构和激素受体等方面也完全不同。植物激素无专门的分泌器官，是由植物体一定部位产生的，动物激素由专门的内分泌器官分泌；植物激素的运输和分布易受重力、光等因素影响，动物激素随血液循环运输；植物激素不作用于特定器官，动物激素则作用于特定器官。所以植物激素只对植物起作用，动物激素只对动物起作用，植物激素对动物的生长发育不起作用，而动物激素（如人用避孕药）对植物的生长发育也不起作用。人用避孕药没法让水果无籽，植物激素也无法调节人的生长发育。

十二、农产品中的重金属污染很严重吗？

重金属一般指相对密度在5以上的金属。重金属包括金、银、铜、汞、镉、铬等40多种元素，由于化学性状相似，砷元素也通常被归于重金属一类。重金属物质并非都具有毒性，如锰、铜、锌等是生命活动必需的微量元素，只有在过量食用后才会危害人体健康。目前，国际上公认影响比较大、生物毒性较高的重金属有5种，即汞、镉、铅、铬、砷。这些有毒重金属类物质进入人体后，不易排出或者分解，达到一定浓度后，会危害人体健康。导致农产品重金属含量超标的原因，主要是种植环境的污染。个别地区工矿企业环保措施不到位，长期大量排污，使土壤重金属含量严重超标，在这种土壤上种植的农产品，就有出现重金属含量超标的风险。

认识农产品中的重金属污染程度，需要具体情况具体分析。有时土壤重金属含量超标，但农作物中的重金属含量并不超标。原因是重金属元素在环境中比较稳定，难以降解且迁移能力也较差。不同的重金属向农作物的迁移规律是不尽相同的。同时，重金属向作物的迁移活性也受到土壤性质的影响，如在酸性土壤中，重金属的活性就会增强，作物转化率也会提高。因此，南方的土壤相对于北方的土壤引起产品污染的概率会高一些。另外，农作物对重金属的吸收富集能力相差很大，如水稻对重金属镉的吸附能力就明显强于番茄、辣椒等茄果类蔬菜；同一种作物，不同品种之间对重金属的吸收富集能力也不尽相同，同样是水稻，南方的长粒籼米对重金属镉的富集能力明显高于圆粒粳米。因此，并不是环境中的重金属含量越高，农产品中的重金属污染程度也越高，它们之间没有必然的相关性。

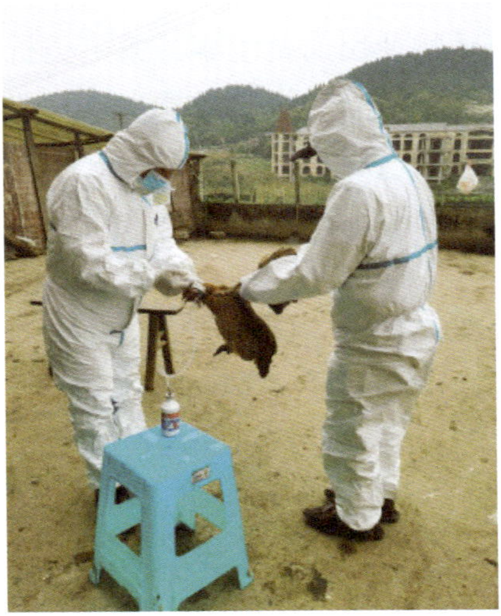
鸡免疫注射

十三、如何看待兽用抗生素？

抗生素是防治人类和动物细菌性疾病的有效武器。20世纪之前，细菌性肺炎、霍乱、伤寒和痢疾等被视为“瘟疫”和“不治之症”。随着青霉素以及大环内酯类、氨基糖苷类等抗生素的问世，肺炎、肺结核、霍乱和伤寒的死亡率降低了80%。人类70%的疾病由动物传染。兽用抗生素在预防和治疗动物感染的同时，从“传染源”上切断了人畜共患病原菌的传播。抗生素是保障动物性产品生产所必需的基础物质。随着人口增长和人类生活水平日益提高，人类对动物性产品的需求将越来越大。养殖业一旦停止使用抗生素，动物性产品的供应将更加无法满足人类的需求。

我国将抗生素分为四类进行管理，即：①无需安全限量的抗生素；②需要安全限量的抗生素；③食品中不得检出的抗生素；④禁止在养殖动物使用的抗生素。第一类抗生素的使用不会有任何食品安全风险。第二类抗生素只要按标签或者说明书规定的休药期使用，其在动物性食品中的残留也不会超标。严格限制第三类在食品动物使用，国家对这类抗生素制定了严密的残留监控计划。第四类抗生素残留对人体有危害，国家严格禁止其使用。迄今发生的抗生素残留事件，无一例外均是由于抗生素的不合理使用或滥用，甚至非法添加禁限用抗生素所致。

兽用抗生素与人类耐药菌的产生无直接联系。20世纪60年代就有人担心，兽用抗生素会引起人类的病原菌耐药，从而使人的细菌性疾病治疗失败。然而，世界卫生组织（WHO）、联合国粮农组织（FAO）和世界动物卫生组织（OIE）等对重点抗生素（如氟喹诺酮类）耐药性的产生、暴露和传播风险进行系统评估后的结果显示，绝大多数兽用抗生素与人类耐药菌的感染并无直接联系。人类耐药菌的产生主要源自医源性抗生素的滥用。

十四、什么是农产品中的生物毒素？

生物毒素又称天然毒素，是指动物、植物和微生物中存在的某种对其他生物物种有毒害作用的、非营养性天然物质成分，或因贮存方法不当，在一定条件下产生的某种有毒成分。生物毒素是一种重要的生命现象，它蕴涵着大量奥妙复杂的重要生物学信息，是生物在自然界长期进化过程中为了保存自身的物种，抵抗高等动物或疾病的侵袭而产生的化学防御能力。由于生物毒素的多样性和复杂性，许多生物毒素还没有被发现或被认识，因此，时至今日，生物毒素中毒的救治与公害防治仍然是世界性的难题。

有毒生物物种遍及大部分生物门类，如细菌、真菌、植物、昆虫、爬行动物、两栖动物以及许多海洋生物，农产品中的生物毒素依据来源可分为细菌毒素、真菌毒素、植物毒素、动物毒素、昆虫毒素和海洋生物毒素等。细菌毒素主要包括肉毒杆菌等产自病原细菌；真菌毒素主要包括黄曲霉毒素、赭曲霉毒素等，是肝癌、食道癌等的诱因之一；动物毒素主要来自蝎子、蛇等动物的多肽或蛋白毒素；海洋生物毒素主要包括贝类毒素和河豚毒素等，多为神经毒素，可导致唇、舌、指尖麻木等症状；植物毒素的主要来源非常广泛，包括生氰糖苷、外源凝集素、生物碱、蓖麻毒素等，比如菜豆含有生氰苷、血红凝集素，人们食用没有加热熟透的豆类后会导致胃胀气或腹泻，又如马铃薯发芽后会产生龙葵碱，龙葵碱的中毒症状有口腔及咽喉部瘙痒、上腹部疼痛，并伴有恶心、呕吐、腹泻等。

高脂肪、高蛋白或高淀粉类的农产品及制品容易受生物毒素污染。例如花生易受黄曲霉毒素的污染，玉米易受玉米赤霉烯酮污染等。在我国长江沿岸及长江以南等高温高湿地区生物毒素污染严重。这些生物毒素通过受污染的农作物以饲料喂养方式进入动物体内，进而污染动物源食品（肉、蛋、奶、奶酪），人类通过直接食用农产品或者动物源食品而接触到生物毒素。夏秋季节的海洋双壳贝类中贝类毒素，是与海洋赤潮及有毒微藻有关，在赤潮高发期应禁止食用双壳贝类，防止贝类毒素的中毒。

生物毒素是广泛存在于自然环境与农产品中的一类次生代谢产物，不同生物毒素间毒性和致癌性差异显著。世界上绝大多数国家都以保护人民身体健康为原则，对不同农产品制定严格的生物毒素限量标准。食用符合限量标准的农产品对人体造成的危害极小，甚至可以忽略不计。长期频繁食用或一次大量食用生物毒素超标的农产品才会造成人畜急（慢）性中毒或致癌。不食用霉变、腐败变质的农产品，注重饮食习惯和卫生习惯，能有效减小生物毒素中毒与致癌概率。因此，对生物毒素不必“谈虎色变”，要理性看待农产品中生物毒素问题。

肉牛屠宰生产线

十五、如何预防农产品中的有害病原微生物污染?

农产品生活环境中，如土壤、水域中含有大量的、多种微生物，导致人类致病的病原菌主要有大肠杆菌、李斯特氏菌、沙门氏菌和耶尔森氏菌等；导致农产品腐烂变质的微生物主要是真菌、细菌，其中真菌主要有灰霉、青霉、曲霉、交链孢等；细菌主要有欧文氏菌、假单胞菌、黄单胞菌等。另外，在各类肉食品、畜禽产品和水产品中还会有各种寄生虫的动物源性疾病病毒存在。常见的致病微生物包括海产品中的副溶血性弧菌，蛋及蛋制品中的沙门氏菌、金黄色葡萄球菌、变形杆菌等。

农产品中的致病微生物可能会引起食物中毒和疾病传播。食用被致病微生物污染的食物，轻者可引起身体不适、腹泻呕吐，重者可能导致慢性疾病甚至威胁生命。例如，20 世纪 80 年代因为生吃带有细菌和甲肝病毒的毛蚶，引起上海 30 万人感染甲肝。这是世界卫生组织公布的全球范围内影响最大的由致病微生物引起的食品安全事件。

农产品生长在不可控的土壤、水域等环境中，在采摘（收获）、包装、运输、贮存和销售等环节还频繁接触人群、空气、水等外界环境因素，很难不受致病微生物的污染，致病微生物在农产品中是普遍存在的。目前，无论是发达国家还是发展中国家，致病微生物仍是影响农产品质量安全的主要因素。广大消费者在购买、食用、贮藏各类农产品的过程中都有可能接触病原微生物。大多数感染致病微生物导致食物中毒的情况是由于清洗不充分导致的。在生吃各类食物时，如水果、蔬菜，应注意清洗干净。对于肉、蛋、奶、水产品等应尽量避免生食，在清洗干净后，经过烹饪熟透之后食用。注意生熟食品分类保存。尽量不要将不同农产品混合保存。蔬菜、水果、海鲜、肉类和蛋奶等应当分开保存，以免造成病原体的相互污染。一旦发现贮存的农产品有异味或者腐坏的情况发生应该马上移出，并查看是否有污染到其他保存的农产品。在购买过程中，应该注意从正规的、卫生状况良好的销售渠道购买农畜产品。

十六、农产品使用防腐剂、保鲜剂和添加剂安全吗?

农产品作为鲜活产品，衰老、腐败、霉变、品质下降等产后损失是必然的，贮运时间越长、环境温度越高，损失越大。农产品放置过久，细胞组织离析，为微生物滋长创造了条件。如肉类被微生物污染，使蛋白质分解，产生有害物腐胺、组胺、色胺等，是食物中毒的重要原因。为了减少产后农产品损失、保障农产品供给安全，“三剂”的合理使用在现阶段农业产业链条中必不可少。例如柑橘、芒果等水果在长期贮藏或长距离运输前，须经适宜的保鲜剂和防腐剂处理，避免贮运过程中产生细菌或霉菌病害；香蕉等产品须在未完全成熟前采摘、贮运，待上市前经催熟剂处理方可达到可食用的品质；莲藕、茭白等水生蔬菜的产品切口处须经抗氧化剂处理，以防止产品褐变、保持营养成分不流失；粮食贮运前须对贮运环境进行防霉处理，防止真菌及其毒素污染，等等。“三剂”的使用，可以延长农产品的贮藏期，有效避免微生物的滋生，为农产品质量安全保驾护航；还可以有效地减少了农产品的产后损失，满足消费者对于品种更丰富、质量更高、营养更好农产品的追求。

《农产品包装和标识管理办法》中对农产品 “三剂”进行了明确定义。保鲜剂是指保持农产品新鲜品质，减少流通损失，延长贮存时间的人工合成或天然物质，如新鲜水果中的乙烯吸收及抑制剂、被膜保鲜剂等。防腐剂是指防止农产品腐烂变质的人工合成化学物质或者天然物质。如原粮中的防霉剂双乙酸钠、柑橘中的杀菌剂咪鲜胺和噻菌灵、新鲜水果和食用菌中防腐剂亚硫酸盐等。添加剂是指为改善农产品品质及加工性能加入的人工合成的化学物质或天然物质。如原粮中的抗结剂二氧化硅、鲜虾中的抗氧化剂 4- 己基间苯二酚、干制蔬菜中的着色剂 β – 胡萝卜素等。

消费者对“三剂”的担忧和误解多来源于对生产的不了解，以及对合理使用和违法添加概念的混淆。所谓合理使用，即是在合理的产品范围和浓度范围内使用“三剂”。科学表明，“剂量决定毒性”，国家标准（GB/T 8321.1—8321.9、GB 2760—2014）中，对可在农产品中作为“三剂”使用的农药和食品添加剂的种类、使用范围、用法用量均有明确的规定，是农业农村部、卫健委等部门经过严格试验和风险评估程序确定的。对于新的“三剂”产品，农业农村部也建立了风险评估实验室对其进行风险评估和安全性评价。只要按国家标准要求，合理使用“三剂”的产品，其安全性是有保障的。而一些不法商贩为牟取非法利益，在农产品中使用非法添加物，如在脐橙中使用染色剂，在畜禽产品中注水、注胶以增加产品的重量等，均属于违法添加，不属于“三剂”合理使用的范畴。有的消费者担忧，就算允许使用的“三剂”，若过量使用也不安全怎么办？从生产角度来看，一方面“三剂”的使用是有成本的，在使用时不可能不顾成本大量添加；另一方面，大多数“三剂”都存在浓度效应，超量添加往往会起到反作用。例如在莲藕中使用抗氧化剂防止褐变，在低浓度时防褐变效果显著，而高浓度时反而加速褐变；又如豆芽生产中使用生长调节剂，低浓度时可促进豆芽生长，高浓度时反而抑制生长。

柚子

第四章　农产品质量安全热点问题解析
——种植业农产品篇

一、柚子等水果开裂是怎么回事？

2018 年 9 月，柚子上市季节，网络热传一篇题为“柚子笑了，果农却哭了”的文章，说在南方的一个村子里，村民种的柚子因为一场大雨过后全部裂开了口，让果农遭受了很大损失，有网友说这是因为果农乱喷催熟剂导致的。

水果栽培中，裂果现象就是果实的表皮或者角质层开裂，是果树的一类生理性病害，是果实对内部生长与外界环境不协调作出的反应，一般在水果的果实转色期或者迅速膨大期可能出现。这种现象存在于很多果树和少量蔬菜上，桃子、石榴、荔枝、苹果、樱桃、葡萄、枣子、柚子，一般情况下都有裂果现象。出现裂果的原因很多，基本上与果树砧木、品种特性、养分平衡、果实内源激素、环境因子等有关系。在柚子果实膨胀的关键时期发生暴雨，水分供给不平衡，就可能导致柚子果实分裂。此外，施肥不当，柚子缺乏微量元素（如钙、硼），柚子挂果太多导致树势衰弱等，也可能导致柚子的果肉开裂。因此，柚子裂开不是因为果农乱喷催熟剂引起的。

二、“西瓜爆炸”是使用了膨大剂吗？

2011 年，江苏省丹阳市 700 多亩现代高效设施农业示范园里，许多西瓜未成熟就炸裂，网媒指“膨大剂”是“西瓜爆炸”的罪魁祸首；2015 年，“膨大剂西瓜”再度热传，网络中开始出现“膨大剂是水果炸弹”的说法。

影响西瓜爆炸因素众多。导致西瓜开裂的原因包括西瓜的品种、天气情况、肥料情况等诸多因素，膨大剂不是主要诱因。首先，西瓜本身质脆，含水量大，圆形易滚动，轻微碰撞很容易开裂，开裂在一定程度上是西瓜的一种正常生理现象。西瓜的品种会影响其表皮的脆度，与晚熟品种相比，早熟的西瓜品种的瓜皮较薄，瓜皮细胞较大、排列较疏松，因而使得瓜皮缺乏韧性，容易开裂。其次，连续阴雨天后突然暴晒会导致西瓜开裂。因为阴雨天低光照和低温容易使瓜皮木栓化，从而降低瓜皮的韧性，在随后到来的晴天，受光照和温度的影响，西瓜生长速度加快，就很容易撑破瓜皮，造成裂瓜。此外，肥料使用不当也会造成西瓜开裂。施用过多的氮肥会提高西瓜的生长速度，但瓜瓤的生长速度大大快于瓜皮，西瓜就很容易开裂了。而膨大剂不可能直接促进西瓜吸水，增加西瓜内的压力。如果没有天气、水分以及肥料等条件的综合影响，膨大剂是很难发挥作用的，不用说让西瓜爆炸，就是让西瓜快速长大都是问题。

三、猕猴桃等瓜果用膨大剂“洗过澡”不能吃吗？

近年来，有关猕猴桃、草莓等水果使用膨大剂问题的争议在网络中以网帖、图片及视频等形式反复出现、广泛传播。这些爆料称，膨大剂对人体的神经系统有害，也有可能造成儿童发育不良、痴呆等。

膨大剂是老百姓根据植物生长调节剂的作用对一些产品的俗称。膨大剂属于植物生长调节剂中的一类，它具有加速细胞分裂、促进细胞增大、分化和蛋白质合成，提高坐果率和促进果实增大的作用。常用的膨大剂有氯吡脲、赤霉酸，这些都是国家允许使用的植物生长调节剂，可用于西瓜、葡萄、猕猴桃等水果，起到改良果实生长状态和品质的作用。比如将膨大剂用于猕猴桃主要是调节其生长，预防生理落果；用于浸葡萄果穗，可提高坐果率，使果实膨大，增加单果重量；用于采摘下的草莓果实或浸果，稍干后装盒，可保持草莓果实新鲜，延长贮存期。氯吡脲是一种在世界上广泛使用的植物生长调节剂，目前在美国、澳大利亚和日本都有登记使用，大家耳熟能详的新西兰猕猴桃（奇异果）在生长过程中也使用氯吡脲。目前，我国允许在猕猴桃、西瓜、甜瓜、葡萄等水果上使用。

我国明确将膨大剂纳入农药管理范围，在农药标签上规定了用药时期、用药剂量和施用方法，标注了使用范围和安全间隔期。在实际应用中，大部分果农也会按照标签上规定的用药剂量、用药时期和用药方法施药。因为如果使用时期不当或者擅自提高剂量或处理不均匀，将会导致局部药剂浓度过高，出现畸形果等问题。目前，没有科学证据证明膨大剂会对人体健康产生危害，美国、澳大利亚、日本等国都在广泛使用膨大剂，美国、日本等许多发达国家将膨大剂列为不需要进行毒性管理豁免物质清单，其残留不需要制定安全限量标准。正常使用膨大剂不会对人体健康产生不良影响。

四、杨梅滥用膨大剂是不是真的?

2012 年 6 月初，一则关于杨梅喷洒膨大剂的微博在网上疯传。这条微博称“今年吃杨梅要小心，现在余姚、慈溪等地的梅农已经开始给杨梅树喷洒膨大剂，只留几棵不喷给自己吃，希望媒体予以曝光，让梅农手下留情。”这位博主还在微博中“@”了当地多个媒体。这条微博虽然很快就被删除，但由于被大量转发和被一些媒体报道，还是引起了社会强烈关注。

杨梅不可能喷洒膨大剂。膨大剂需要对果实进行浸涂才能发挥作用，整树喷洒没有效果，而杨梅树种在山上，且杨梅一颗颗隐藏在浓密的树叶中间，梅农不可能浸涂。杨梅用膨大剂不具操作性。

五、草莓大个空心是因为使用了激素吗?

近些年，网络上关于草莓质量安全问题的疑虑颇多，“市场上销售的个头偏大或者长相畸形、不规则的空心草莓可能过量注射了膨大剂之类的激素，吃了对人体有害”　“激素草莓”　“草莓瘟”时不时出现在贴吧、博客和微信朋友圈中。有人“友情提示”如果草莓整体发红但“屁股”发白的话，说明是激素使用过量所致，最好不要购买。

草莓的生长与温度、水分、土壤和授粉等因素息息相关，授粉不均、温度过低、光照不足都有可能导致草莓畸形。

草莓的个头和许多因素有关。首先是品种因素，有些品种天生个大；此外，通过人工选择，适当进行疏花疏果，也可以得到更大的草莓。如今国内外对草莓育种的目标都很一致，就是果子越大越好，市场上出现的草莓之所以大，是因为本身就是大果型品种，根据草莓大小来辨别打没打激素是不科学的。

草莓空心是由多方面原因造成的，品种特性是最主要的因素。一些草莓品种本身具有果实中间空心的特点；还有一些草莓的品种果肉密度小，天生就易出现空心。草莓在果实膨大期遇到肥水管理不当或土壤太干时也会产生果实空心现象，使用膨大剂等植物外源激素也有可能造成草莓果实空心。另外，草莓如果采收不及时，就会出现过度成熟导致空心的现象。温度和湿度对草莓生长的干扰也很明显，比如雨雪过后，很多草莓都会出现空心现象。所以，草莓空心主要是由品种特性和栽培管理引起的，使用膨大剂等植物外源激素可能是原因之一，但不是主要的。

草莓果柄处发白和是否使用激素没有必然关系，而是和采摘时间有关。当一株草莓进入挂果期时，果实会从绿色变成白色再变红。草莓的发色过程实际上是光与内源激素两者共同作用完成的。通常来说，草莓越靠近尖端发育时间越长、累积花青素越多，因此草莓的发色过程是从尖端向果柄逐渐进行的，越靠近果柄底部着色越慢。实际生产过程中，尤其是早春在大棚内生产的草莓，由于受光照较弱等影响，着色过程偏慢，且有时由于品种原因（如多倍体等）果实较大，使得果实基部发色更为推迟。如果等到整个草莓都变红的时候，草莓顶端已经由于过熟而容易损伤，导致整个果实霉变。为了方便运输储存，防止顶端过度成熟而损伤草莓，果农一般不等果实完全变红就开始采摘，这就造成了一些草莓，尤其是大个草莓基部发白。

六、“草莓农残超标致癌”是真的吗?

2015 年 4 月下旬，中央电视台财经频道《是真的吗》节目播出一组有关北京草莓的报道称，该栏目组记者随机在北京购买的 8 份草莓均检测出含有百菌清和乙草胺两种农药，百菌清含量符合国家标准；乙草胺在草莓种植中没有取得国家允许使用的农药登记，乙草胺在草莓的残留含量也无国家农药残留限量标准，但相比欧盟残留限量标准，有的草莓超标 7 倍。报道中一位专家说，美国已把乙草胺列为 B2 类致癌物，如长期食用乙草胺残留的食物，可能会导致乙草胺的代谢物中毒，有致癌性。其实“吃草莓致癌”说法不靠谱。

种草莓不能且不需要使用乙草胺。乙草胺是一种芽前封闭除草剂，主要用于玉米、大豆、棉花等大田作物，并且只能在作物出芽前作为土壤处理剂使用，不能作茎叶处理。草莓属于草本植物，对除草剂比较敏感，使用乙草胺会对草莓造成伤害，甚至杀死幼苗或植株。目前草莓种植大多采用地面覆膜，以防草莓触地后受到污染，同时覆膜可有效抑制杂草，所以也不需要打除草剂。

因乙草胺可能致癌的证据不足，是否列入 B2 类致癌物又有争议，所以中国、美国等许多国家都是允许乙草胺在多种大田作物上使用的。按照致癌物分级，B2 类致癌物虽有致癌的可能性，但无论是对动物还是对人的致癌证据都不足。

七、“草莓农药残留高致大批蜜蜂死亡”是怎么回事？

2014 年 6 月以来，一个蜂农哭诉草莓种植户打药毒死蜂群的帖子一度在微信上热传。帖子内容称，“每年草莓丰收之时就是我们蜂农欲哭无泪之时，草莓园为了预防害虫差不多隔一两天晚上就要打药”，“怕白天被采摘客人看见就晚上打，造成蜜蜂大量死亡”，“长期吃草莓等于慢性自杀”。文字下面还配发了大量死亡蜜蜂的照片。2015年1月下旬，中央电视台焦点访谈栏目以“不是草莓惹的祸”为题对此事进行了辟谣。

种植草莓的大棚具有一定的封闭性，蜜蜂很难飞进去，除非是受邀请，养蜂人不会把蜂群摆放在草莓大棚周围，蜜蜂也不会大群光顾。草莓尽管可以自花授粉，但是长出来的形状不太好，在大棚里没有风，就只有靠蜜蜂这样的昆虫来帮忙进行辅助授粉，这样草莓才会授粉均匀，外观漂亮。草莓园请蜜蜂是为授粉，蜜蜂授粉期间不会喷洒对蜜蜂高毒的农药。草莓园为了防止害虫会使用烟熏杀菌剂，使用烟熏剂时会把蜂箱搬出棚外。为了保证安全，使用杀菌剂后采摘园要过个三五天才再次开放。农作物栽培种植没有在夜间打药的，因为夜间温度低，湿度大，对病害防治效果极低。白

柑橘基地

天上午 9 时左右，作物开始进行蒸腾作用，此时用药，药效和防效最佳。草莓开花后一般不再用药。采集蜂一般寿命是在 25 天左右，蜜蜂因为自己本身生物学特性，它们会把这些死蜂搬到巢门外，所以出现巢门外有蜜蜂死亡的现象，属于正常现象。网上流传的蜜蜂死亡的图片并不是拍摄于草莓种植棚内。从照片上看，蜜蜂死亡达到四五万只，在一个温室里授粉的蜜蜂不可能这样集中大量死亡。

八、香瓜、柑橘等瓜果生产过程中会施用“甜蜜素”增甜吗？

2018 年 7 月中旬中央电视台新闻频道报道，有消费者向记者反映，在黑龙江香瓜主产区绥化市兰西县，一些瓜农为了增加香瓜的甜度、促进早熟，会给正在生长期的香瓜喷洒一种“西瓜香瓜膨大增甜剂”的叶面肥料。一般是在瓜秧结果的时候开始喷洒，直到果实成熟，每隔 7 ～ 10 天喷一遍，整个生长期大致要喷洒 3 ～ 4 遍。当地的居民、瓜农声称施用了“甜蜜素”（增甜剂）的香瓜吃完就难受，有的人不适应，有时候吃了闹肚子。2018 年 8 月初，某微信公众号发布了一篇《全被拍下，很快要删》的文章，介绍了果农使用“甜蜜素”让柑橘变甜的情况，引起部分消费者的担心。除了香瓜、柑橘以外，炒作的水果种类涉及冬枣、橙子、西瓜、桃子、苹果等等，谣传添加“甜蜜素”的方式主要有浸泡、注射、喷洒等多种。受传言的影响，一些消费者对于水果的食用安全产生了怀疑，认为摄入添加了“甜蜜素”的水果不利于身体健康。

甜蜜素学名“环己基氨基磺酸钠”，是一种无营养甜味剂，其甜度为蔗糖的 30 ～ 40 倍，而价格仅为蔗糖的 1/3 左右，而且它不像糖精那样用量稍多时有苦味，因而作为国际通用的食品添加剂可用于饮料、果汁、冰激凌、糕点及蜜饯等食物中。甜蜜素作为食品甜味剂，适当使用并不会影响身体健康，只要消费者购买的商品正规，摄入的甜蜜素不超标，是不会影响健康的。

在水果生长的过程中或在水果表面打甜蜜素，丝毫不会对水果的甜度产生任何影响。甜蜜素是水溶性的，几乎不溶于有机溶剂，不溶于油脂，这使得它很难穿透水果表皮的蜡质层，即使在水果生长过程中或者在水果表面喷洒甜蜜素，甜蜜素也不能进入水果内部，也就不存在增加甜度的可能性。所以，生产过程中加入甜蜜素给水果增甜不太可能，也没有必要。如果商贩想要通过注射的方式增甜，那就需要对水果进行全方位注射，这样会使水果的细胞壁遭到破坏，加速水果的腐烂。因此，对于商贩来说，给水果注射甜蜜素百害而无一利。

现在很多水果吃起来确实比过去要甜了，但这并不是因为添加了“甜蜜素”。水果的甜主要是源于果实中的糖，是植物光合作用的产物。水果中的糖主要有蔗糖、葡萄糖、果糖等几类，不同水果这三种成分的含量是不同的，比如苹果中以果糖为主；桃子、甘蔗中以蔗糖为主。这三种糖中以果糖的甜度最高，其次是蔗糖，最后是葡萄糖。水果的含糖种类和数量决定了不同水果口感的差异。水果甜度的高低受品种、肥水供应、栽培管理等多重因素的影响，特别是品种改良是一个很重要的原因。针对消费者喜欢甜，通过一代一代农业科技人员的选育，水果变得越来越甜。而现在的科学种植，保证了植物生长的各个有利条件，所以水果的品质也都有了提高。

在香瓜、柑橘等瓜果生产中采用叶面施肥是一项正常的生产技术。喷施的“增甜剂”实质上是一种水溶性叶面肥料，具有平衡营养供应、促进香瓜糖分积累的功能。种植户所说的“甜蜜素”，可能就是给植株喷洒的叶面肥。这些东西本身并不甜，它们基本上都是通过促进植物代谢和营养物质的合成、积累，达到增加果实产量、缩短成熟周期以及改善外观品质的目的。有些瓜果本身具有其特殊的属性，不宜空腹吃或多吃，比如香瓜性寒，具有清热、泻火、解毒的作用，“多食未有不下痢者”（引自《本草衍义》），所以，空腹食用或吃多了有拉肚子的症状并不是因为在生产过程中施用了“甜蜜素”。

九、西瓜等瓜果会通过打针增甜增色吗?

2012 年 5 月，微博中传“现在瓜农给西瓜里打药，长得快好卖钱;西瓜都是南瓜秧上嫁接，瓜农自己从来不吃”，并称“打针西瓜”注射了甜蜜素和胭脂红，还配有两张图片标示了“打针的痕迹”。传言中，“业内人士”甚至表示，“除了西瓜，还有橙子、柚子这样的水果，都很容易用注射方式添加甜蜜素”。除了西瓜打针，网络中也出现了一些柿子、香瓜等其他水果“打针”的爆料。

在西瓜生长过程中以及采收后，对西瓜果实采用打针方式注射液体物质，是不可能吸收的。因为植物只有通过维管束组织才能吸收水分与营养，强行注入，只会在微小组织内积累，且会破坏西瓜瓤组织特性，不可能像传言中描述的西瓜瓤呈红色且汁液也很“丰富”。注射过外来液体的西瓜会在短时间内变质，不利于瓜农与瓜商，不可能成为行业的普遍“潜规则”。在西瓜栽培过程中，一亩地西瓜有六七百株苗，瓜苗的维管束十分细小，注射难度可想而知；而且，即使有液体注射到苗中，也要通过植物自身的吸收、转化才能成为果实的成分，甜蜜素、胭脂红是不能被瓜苗正常吸收转化的。育种和栽培技术的发展使瓜的含糖量和甜度有了根本保障，所谓“打针”这样的小手段完全没有必要。

在传播“西瓜打针”的微博中，附有瓜瓤中有“白筋”、“黄色硬块”等照片，认为是“西瓜打针”的证据。西瓜出现“白筋”是由于西瓜子房发育以及果实生长过程中，遇到低温连阴天气或管理不当，植株的营养生长与生殖生长不协调，导致子房与果实营养缺乏、发育不良，或者在低温下授粉不均匀，部分组织发育受阻造成的，可能影响瓜的味道，但并非安全问题。至于西瓜果实内部出现白籽，可能是因为在早春西瓜授粉中出现授粉受精不良。同时，无籽西瓜品种出现小白籽是正常现象，与外源物质无关。

葡萄标准化园

西瓜存在连作障碍，嫁接是一种国内外普遍使用的种植方式，不影响人体健康。嫁接技术已经使用了 1000 多年，是利用植物间互补特性提高作物产量的技术，也是有机农业提倡的一种重要生产方式，不会对人体产生危害。如果采用不当的嫁接砧木或者栽培不当，嫁接西瓜可能口感偏硬，风味稍差，但这并不意味着嫁接西瓜可能影响人体健康。

十、真有“注水葡萄”吗？

2012 年 7 月，南京桥北一市民发现在小区门口买的葡萄每颗都有将近 10 个类似“针眼”的伤痕，吃了两颗，就不敢吃了。这事被晒到网上后，引起广泛关注。网友们怀疑这是“注水葡萄”。

实验证明，葡萄注水绝对不靠谱，纯属臆想。从保鲜角度讲，葡萄皮轻易不能破，一旦破了，营养就会流失，很快就腐烂。再说，500 克葡萄至少有 25 ～ 30 颗，发帖者说每颗葡萄打了近10针，1公顷产量15000千克，这得雇多少人来打针？要多少劳动力？

葡萄表面疑似“针眼”的东西是葡萄生长过程中，病害管控留下的痕迹，没有毒性。葡萄生长后期，会受到病菌侵染，治愈后，病菌残余物就会在葡萄表面形成小斑点。葡萄生产要求果农在采摘前半个月以上不再施用农药，因此，市民在市场上买回来的葡萄，表皮上的斑点已没有毒性。

葡萄标准化园

十一、无籽水果是用避孕药种出来的吗？

2016年，一段无籽葡萄是用避孕药培育出来的视频在朋友圈疯传，视频中一位“无名水果店”水果商贩在车内与人对话，称无籽葡萄都“沾了避孕药”不能给孩子吃。早前还有网络流言称，无籽水果中含有大量激素，是用避孕药处理来达到无籽效果的，经常食用对人体有害。

因为“避孕药”与“无籽（子）”容易引发联想，其实使用避孕药生产不出无籽水果。人用避孕药属于动物激素类物质，只有在进入人体后才能被人的响应识别机制所识别，进而调节体内各项生理指标，使精子细胞和卵细胞无法结合形成受精卵，从而达到避孕目的。但植物体内缺乏相应的受体以及信号途径，作为动物激素的避孕药无法被植物识别和起效，也就根本无法给植物“避孕”。

使用赤霉素等植物激素是生产无籽水果的方法之一。水果的种子（即籽）是由植物的胚珠发育而来，而果实（即果肉）由子房发育而来。在水果的生长发育过程中，如果抑制胚珠的发育，同时不影响子房的发育，就能培育出无籽水果。目前无籽水果的常见培育方法主要有三种。第一种是利用植物激素处理，抑制种子生长而促进果实发育。第二种是通过杂交，使原本能够产生种子的二倍体植物转变为不能产生种子的三倍体植物。无籽西瓜就是用这种方法生产的。第三种是通过寻找植物自身产生的种子不育但自身又能够产生植物激素的突变个体来生产无籽水果。无籽葡萄是第一类和第三类无籽水果的典型例子。比如我国栽培面积最大的巨峰葡萄，如果在葡萄盛花期及幼嫩果穗形成期，用一定浓度的赤霉素进行处理，就可获得无籽巨峰葡萄。使用赤霉素等植物激素对人体无害。“京可晶”“大粒红无核”等葡萄品种，由于其自身品种特性，在授粉之后，受精胚囊会很快停止发育，但果实本身可以产生激素，从而使得果实膨大发育为无籽果实。因此，无籽水果与避孕药没有丝毫关系，而且无籽水果不是真的无籽，而是胚珠没有发育成成熟的种子导致的。从营养上看，无籽水果与有籽水果并无明显差别。

十二、“带刺”葡萄不能吃吗?

2018 年 5 月，北京电视台生活频道报道，北京的杨先生在市场上购买了几串葡萄，在清洗的时候，发现葡萄上有好多麻麻匝匝的刺，他把葡萄放在放大镜下面，刺凸起就更明显了。这些刺会不会是沾上了什么污渍呢，但是杨先生怎么清洗都洗不下来。最后，他将葡萄拿去向专家咨询，“专家”告诉他，葡萄上的刺，有一些是病原菌危害，还有一些是介壳虫；这样的葡萄，如果就这么直接吃的话，对人体有一定危害性，吃多了会造成恶心、呕吐等症状。“专家”这么一说，引起了民众恐慌。

带“刺”葡萄对人体没有什么危害，如果难以辨别是何种原因引起的，只要吃之前彻底洗净，剥皮食用即可。葡萄长刺的原因，90% 以上是营养珠，营养珠主要成分是水，也有些许营养物质，是葡萄生长自身调节形成的，相当于人体出汗，对身体无害；当然，也不排除植物生长调节剂使用不当造成的葡萄皮孔细胞膨大或增殖，形成凸起类形状，但这种情况的占比不到 10%；剩下不到 1% 的原因，才可能是葡萄真菌繁殖、介壳虫等病虫害的影响导致的。

十三、葡萄干含促干剂烧肠胃吗?

2018 年 10 月，不少微信群流传着一段“葡萄浸泡促干剂制作葡萄干”的视频。视频中，果农将一筐筐葡萄浸泡在一种褐色液体中，随后视频画面又拍摄到一只标有“葡萄促干剂”字样的包装袋。视频拍摄者称，“市场上买的葡萄干，不要直接拿出来就吃，里面有促干剂，直接吃会把肠胃都烧坏。”这可吓坏了爱吃葡萄干的网友，难道真的要因为促干剂放弃心爱的葡萄干吗？

传统葡萄干制工艺主要有晾晒和阴干两种，晾晒制得的葡萄干味发酸、易褐变，阴干所需周期较长，且易受气候变化影响。促干剂是一种用于鲜果干制的粉末状、无毒、无遗传毒性的食品添加剂，是一种强碱溶液，能破坏果实表皮的蜡质层和果皮的韧性。促干剂大大缩短了干制周期，还能让葡萄干的含糖量高达 60% ～ 70%，质量等级提升，既可在葡萄上使用，也可在枸杞、杏等其他果品上使用。鲜

蓝莓基地

葡萄在促干剂水乳中短时浸泡后，果农会对葡萄进行清洗，附着于葡萄表皮的强碱溶液很容易被水洗掉，故葡萄干上的促干剂残留量很低，无需担心其残留超标烧伤肠胃或造成其他健康隐患。

葡萄干上的“白霜”与新鲜葡萄表皮上的“白霜”一样，是果蔬本身分泌的糖醇类物质（果粉），不是残留的促干剂，对人体完全无害。

十四、水果上的“白霜”是农药残留吗？

不少消费者发现，在购买葡萄、蓝莓等水果时经常会看到水果表面泛着一层“白霜”，而且清洗起来很费劲。网络传言指这些“白霜”是农药残留，对人体有一定毒性，引发消费者恐慌。

“水果上的白霜是农药残留”的说法纯属谣言。像人的皮肤一样，大多数被子植物的表皮细胞外都覆盖着一层角质膜，有些果实（如葡萄、李子）和一些茎、叶（如甘蔗）在角质膜外还沉积着一层蜡质。水果上的“白霜”学名叫做“果粉”或“蜡质晶体”，就是植物表皮细胞角质膜外沉积的蜡质，是自我组装的蜡质晶体。同一个种的不同生长阶段，甚至同一个种的不同品种之间这些 “白霜”均有变化。另外，环境因素也会诱导蜡质成分和含量发生变化。植物表面蜡质是防止水分蒸发的主要屏障，对植物适应干旱环境有着积极作用，所以有“白霜”是水果新鲜的标志，而且代表农药少。另外，它有助于植物抵抗紫外线辐射，而且由于蜡质不溶于水的特征，可以避免表面形成湿润的环境，从而避免病原菌的侵染。从这个角度讲，水果的“白霜”倒像是自己生产的“安全屏障”。

科学家已经通过色谱等分析方法鉴定了这些蜡质晶体的化学成分，主要是葡萄糖、果糖、脂肪族化合物以及一些酵母、植物活性成分等。其中最常见的是长链的脂肪族化合物，包括长链脂肪酸、醛、醇等，另外还有环状化合物及甾醇类化合物等。像葡萄、蓝莓、李子这类果皮上的“白霜”的成分主要是五环三萜类化合物齐墩果酸，占60%～70%。研究表明，齐墩果酸纯品是淡黄色晶体，不溶于水，无毒而且已被证实具有护肝、抗癌、抗病毒的活性。可见，“白霜”对人身体是没有危害的。

十五、烟台“套袋苹果”有毒么？

2012年6月，新京报刊发了一篇题为《烟台“红富士”套药袋长大？》的采访报道。报道称，记者在当年5月下旬至6月上旬，对山东栖霞、招远省道两边的多处果园进行了调查，发现苹果树使用药袋的现象很普遍，而药袋中使用的农药是国家禁止使用的福美胂和退菌特。因为药袋要和苹果的幼果接触100多天时间，由此生长出来的苹果农药残留可能会超标。该报道一出，引起了广大消费者的关注，甚至有人认为，套药袋长大的苹果都是毒苹果，苹果套袋生产技术也被公众所关注。

苹果套袋是一项苹果生产技术，能减少农药残留。苹果套袋有两个作用，第一，使果面更加干净，颜色更加鲜艳；第二，能预防病虫危害，减少喷药的次数，减少农药的残留。所以，套袋是一种减少果品农药残留很有效的技术，苹果套袋已在我国苹果主产区大面积应用。

烟台苹果套袋被关注是因为媒体报道中提到一些果袋中含有福美胂和退菌特两种农药，这些被涂了农药的果袋中，可见白色粉末，并伴有农药的味道。这两种药 2015 年之前不是国家禁止的农药，可以在果树上喷洒使用。根据农业部公告第 2032 号规定，自 2015 年 12 月 31 日起禁止使用福美胂。

十六、苹果“冒血”你还敢吃吗?

浙江在线 2014 年 12 月初报道，家住温州市区的吴女士和同事在单位食堂买了一些红富士苹果，之后用热水洗了几个苹果放在茶几上，准备晾干再吃。十几分钟后，吴女士去拿苹果，却吓了一大跳。原本红扑扑的苹果，表面冒出了许多红色液体，“一滴滴的，颜色鲜红，就像血滴一样。”为了证实这不只是个别现象，吴女士又把剩下的几个苹果全丢到热水里。果然，这些苹果也冒出了红色的“血珠”。吴女士怀疑这些苹果染了色，可能对人体有害。

苹果这种“冒血”现象是正常的，是苹果果皮里的花青素在高温条件下被降解的表现。苹果受热后，果皮内的色素（花青苷）、浅表的水分及糖分会通过果皮上的气孔渗出，形成所谓的“血滴”，黏黏的手感可能就是糖分引起的。在南方，很少人会用热水洗苹果，而且只有极少部分的苹果才会“出血”，因此才会成为新闻。在北方，因为天气寒冷，一些人会用热水浸泡苹果，大家对此现象已经见怪不怪了。一般只有红富士苹果在用热水长时间浸泡后，才会出现“出血”现象。吃苹果用热水洗，会破坏其中的营养成分，其实是不科学的。

十七、苹果等水果打蜡会致癌吗？

早在2007年，有媒体就曾曝出“水果美容招数花样百出，将会威胁消费者健康”，指苹果、柑橘等水果通常会打蜡，疑似致癌。2013年，有媒体报道，市民在削苹果皮时，发现用刀轻轻一刮，苹果表皮出现了不少白蜡。传言称，打蜡的苹果是有毒的，食用容易致癌。2015年曾有一段关于苹果打蜡的视频在朋友圈热传，甚至有网友曝出“5个苹果表皮刮出半斤蜡”。打蜡水果致癌的问题近年多次反复出现在网络媒体中。

苹果属于鲜食农产品，成熟采摘后，在长期贮藏和运输过程中，其新鲜度和品质会发生变化，出现诸如失水、萎蔫、皱缩、衰老等问题，打蜡则能起到保质、保鲜、上光、防止水分蒸发等作用。从我国目前的情况来看，除一些进口苹果和高档苹果外，市场上销售的普通苹果多未打蜡。在种植环节，苹果是不需要打蜡的。以前在销售环节存在给苹果保鲜或使果面看起来光洁鲜艳而打蜡的情况。然而，随着现代冷链技术、物流技术和交通条件的发展和极大改善，加上其他应季水果在市场上的交替和补充、公众消费观念的改变、购买果蜡及打蜡设备成本较高等因素，现在国内已经不流行给苹果打蜡了。但一些进口苹果或国内的高端品种可能会进行打蜡处理以延长货架期和提高价格。

苹果果皮上的蜡主要有三个来源。一是苹果生长过程中表皮自身分泌的一层果蜡。这种果蜡是一种脂类成分，可以防止外界微生物、农药等入侵果肉，对人体无害。二是人工添加的食用蜡，根据《食品安全国家标准 食品添加剂使用标准》(GB 2760—2014)，食用蜡是一种食品添加剂，可用于苹果的表面处理，对人体没有害处。三是人为添加的非食用蜡，主要是工业蜡，工业蜡在果品生产中禁止使用。工业蜡成分比较复杂，其中所含的汞、铅等重金属可能通过果皮渗进果肉，过量摄入会对人体健康产生危害。若苹果存在使用工业蜡的情况，那么果实中就可能检测出铅、汞等重金属。近年来，政府部门通过产地监督、风险评估等工作加大了对包括苹果在内的水果质量安全风险隐患排查和监督力度，连续几年的评估结果均显示，苹果中铅、镉等重金属的含量并不存在超标的情况，苹果是食用安全的水果种类，苹果打蜡致癌说法不实。

十八、儿童空腹吃荔枝会致死？

2019年6月13日外媒报道，印度北部有31名儿童因吃下含有有毒物质的荔枝而导致引发脑炎身亡。自1995年以来，在印度穆扎法普尔区及其邻近地区，每年夏天都会爆发急性脑炎症候群，且通常和荔枝产季同步。仅 2014 年一年，该疾病就使 150 人丧生。美国研究人员 2015 年发现，这种脑部疾病可能和在荔枝中被发现的有毒物质有关，该疾病导致三分之一的病人出现癫痫症状，严重可能致死。孟加拉国及越南的荔枝产区也曾出现同样的病例。

国内学者认为，吃几粒荔枝死亡是忽悠人，不对的。但空腹吃荔枝过量确实可能会因低血糖致死。荔枝是一种高糖水果，果肉中除 80% 的水分外，主要含有果糖、葡萄糖、蛋白质等，含糖量高达 16%，是西瓜的 3 倍。高糖的荔枝为何会引发低血糖表现？目前还没有定论，但现有研究认为，可能与两个因素有关：一是荔枝中含丰富的果糖，会使人体血中果糖含量显著升高。但果糖不能直接被人体利用，必须先在肝脏中转化为葡萄糖或转变为糖原贮存。果糖在分解过程中产生大量的尿酸、乳酸等代谢中间产物，进而导致机体的能量代谢应激，刺激身体迅速释放大量胰岛素，使肝脏调低血糖浓度，导致血液内葡萄糖供应不足，引发低血糖反应。二是在未成熟荔枝（包括荔枝家族）中含有较高浓度的降血糖素 A，进入人体后在支链 α－酮酸脱氢酶复合物作用下，形成高毒性的 2- 亚甲基环丙烷乙酰 -CoA，通过对某些代谢酶的抑制，可阻碍葡萄糖的异生和脂肪酸的 β－氧化，从而导致体内葡萄糖和酮体生成的受阻。当体内糖原储备耗竭后，大脑可利用的两种能量物质葡萄糖和酮体全面缺乏，就可引起低血糖性脑病，即荔枝中毒（荔枝病）。人们在空腹时，本身血糖就处于较低水平，此时大量进食荔枝，在很短的时间里，就可能出现低血糖性脑病的症状，比如恶心、乏力，甚至高热、抽搐、昏迷等。当低血糖时，葡萄糖进入脑组织减少，极易损害脑组织，如低血糖昏迷6小时以上，脑细胞会受到严重不可逆伤害，可导致痴呆甚至死亡。任何原因导致的低血糖都是可能造成死亡的。荔枝中毒多发于空腹摄入大量未成熟荔枝的儿童，死亡率较高。发病程度与未成熟荔枝摄入量、其他碳水化合物摄入状况、儿童年龄等有关。

十九、荔枝生产加工“泡药水”会引发手足口病么？

2015年6月，微信朋友圈曾流传一张幼儿园小展板照片，“某幼儿园一个小朋友吃了荔枝之后开始发高烧，后来带去看中医，医生说现在的荔枝几乎都是用药水浸泡的，药水有弱腐蚀性，吃完后过一阵子会引起发烧，还可能引发手足口病……” 幼儿园甚至提示“请爸爸妈妈近段时间暂时不要买荔枝给小朋友吃”。不少家长表示，无论此信息的真假，都不敢冒这个风险，也暂时不敢再给孩子吃荔枝了。

手足口病是由多种肠道病毒引起的婴幼儿常见传染病，传染源是受到感染的病人，传播途径是病毒携带者与其他健康儿童的直接或者间接接触。食品不是手足口病的传染源，除非是通过分食食品而形成间接接触，否则手足口病无法通过食品来传播。绝大部分手足口病的病例都是5岁以下儿童，而采摘和流通环节接触荔枝的基本都是成人，加上荔枝食用的时候需要去壳，因此手足口病的流行和食用荔枝之间没有联系。

荔枝“泡药水”实为冰水保鲜。荔枝有“一日色变、二日香变、三日味变”的说法，保质期较短。荔枝从种植园采摘后，为保持其香味和颜色，在运输过程中会进行一些保鲜处理，常常使用冰水、冰块等降低荔枝存储环境温度，抑制荔枝的呼吸强度，起到保鲜、延长贮藏时间的作用。利用冰水、冰块保鲜是行业内公认的保鲜运输模式，不会给消费者的健康带来威胁。一些不法商贩为了让荔枝的颜色更鲜艳、卖相更好，可能会用违禁药水给荔枝上色、保鲜，但一般药水会有刺鼻的味道，一闻就能闻出来。

二十、空腹吃香蕉有碍心血管健康？

2019 年 9 月初，网上热传香蕉含大量镁，空腹吃香蕉会导致血液中镁含量骤然升高，造成人体血液内镁、钙比例失调，从而对心血管产生影响，不利于健康。

网上这种说法看似科学，其实不然。香蕉确实是水果中的含镁“大户”，但几乎所有的深绿色叶菜都是镁的良好来源，其含量能够达到甚至超过香蕉的镁含量，而坚果类含镁量同样也不低。根据《中国居民膳食营养素参考摄入量》，成年人镁的摄入量为 350 毫克 / 天较为适宜，可耐受最高摄入量为 700 毫克 / 天。每 100 克香蕉含镁 43 毫克左右，食物中的镁主要通过肠道吸收，吸收率一般在 30% 左右，吃下 1 根香蕉（约 100 克），摄入的镁约为 12.9 毫克。也就是说，除非一口气吃下 55 根香蕉，否则不会出现镁摄入过量。所以，只要不过量食用香蕉，空腹吃也没有问题。

除了香蕉，还有一些食物也被认为不能空腹吃，比如，有人说空腹不能吃西红柿，因为西红柿含大量果胶，会使胃内压力增大，造成胃疼；空腹不能吃山楂，因为山楂中含大量有机酸，会对胃黏膜造成刺激；空腹不能喝茶，茶会降低消化速度，还会引起心慌等醉茶现象等。其实，这些说法都有夸大的嫌疑。西红柿并不含大量果胶，果胶属于膳食纤维，每100克西红柿中，含膳食纤维1.2克。西红柿容易消化，生吃、熟吃均能提供丰富的营养，空腹吃没有问题。患有胃病（如胃炎、胃溃疡）的人，因胃酸分泌过多，空腹时确实不太适合吃山楂、橘子等过酸的水果。对健康人群来说，空腹适量食用山楂、橘子等也是可以的。而喝茶过量、过浓的确会引起消化不良，但空腹喝适量、浓度合适的茶并不会对健康产生影响。所以，空腹不能吃某种食物大多是故意夸大了它的某一方面影响，平时生活中注意饮食的均衡搭配，适量食用，一般都不会有问题，不必因为这些谣言而过分担心。

二十一、香蕉“艾滋病”能传人吗？

2014年12月前后，有媒体爆料称香蕉染上了一种类似“艾滋病”的病害，全世界香蕉或将面临灭顶之灾。该新闻一出引发网友恐慌，“难道以后没有香蕉吃了？”微信平台、QQ群中，“香蕉艾滋病”已经被演绎为“可以从香蕉传递到人体的艾滋病毒”。“香蕉艾滋”的报道系2014

年 4 月初英国独立报网站报道的香蕉枯萎病危害情况，认为该病将给世界香蕉产业造成较大影响，但文章并没有提到“艾滋病”这个词。在随后的转载中，报道中被硬加上“香蕉艾滋病”这一伪概念，并在网络上加以扩散传播。

“香蕉艾滋病”就是香蕉枯萎病（也称黄叶病），香蕉一旦染上此病，使得香蕉维管束组织闭塞，水分及养料便无法在树内输送，运输的通道被截断了，叶片就会表现枯萎、发黄，到最后植物就会死亡。从植物病理学来看，这是一种植物的真菌性病害，病症全称为“黄叶病热带第 4 型”。可见，“香蕉艾滋病”只是香蕉树的一种病害，是植物性病害，不存在从植物向动物传染的可能性。当人和动物食用了这种香蕉不会感染生病，更不会威胁人类健康。

虽然香蕉黄叶病比较难治，但它只是一类普通的真菌病害，不仅香蕉树可能会感染，其他植物也可能感染，它也并不会导致香蕉绝种。虽然防治黄叶病目前还没有特效药，但综合防控技术已经在蕉区推行。据不完全统计，目前国内香蕉产区的黄叶病感染率低于 10%。香蕉若在未抽蕾前感染黄叶病，一般不能正常抽蕾；在抽蕾期感染，一般没办法正常成熟，而且香蕉枯萎病菌不会侵染到香蕉果实上。

二十二、清明节前后的甘蔗有剧毒吗？

近年来，每到春季，各种媒体上会出现有关“红心甘蔗有剧毒”的报道。有微博称，“一家两人因吃甘蔗中毒都变成植物人了。久放后甘蔗易霉变，霉变甘蔗毒性大。

切开后，断面上有红色丝状物，食用后会中毒。吃了 2 ～ 8 小时后，出现呕吐、头晕等症状，严重的会导致昏迷和死亡。甘蔗中毒目前无特效治疗方法！赶快转给你身边的人吧！！” “清明蔗，毒过蛇”引起了公众对甘蔗消费安全的担心。

甘蔗变红是由于霉变。甘蔗蔗茎霉变主要受种植地区气候条件和植物病原菌两个因素影响。南方地区早春季节，气温逐渐回暖，且空气比较潮湿，是植物病原菌开始活跃的时期，甘蔗病原菌也不例外。甘蔗采摘后，如果储运不当，在清明时节气温回升后容易造成节菱孢霉菌生长繁殖并产生 3- 硝基丙酸毒素，一般表现为甘蔗肉芯发红霉变。3- 硝基丙酸是一种强烈的噬神经毒素，可引起中枢神经系统损害，干扰细胞内酶的代谢，严重者可导致脑缺血坏死，甚至死亡。所以，红心变质的甘蔗不要食用。3- 硝基丙酸中毒时发病急，一般为数小时，潜伏期最短只有十几分钟，重症病人一般为儿童，食用霉变甘蔗中毒者应尽快送医排毒治疗。节菱孢霉菌本身不是甘蔗的病原菌，但是国内的文献有报道从变质的甘蔗汁分离到这种病原菌，这或许是极少数案例。 “清明蔗，毒过蛇！”有些言过其实，清明节前后并不是所有的甘蔗都会变红霉变。正如日常生活中的食物变质，不宜夸大其词。

二十三、国产苏打粉洗桃子变黑是“毒上加毒”？

2019 年 8 月下旬，微信朋友圈疯传一个小视频“紧急征集答案”，视频中的老人分别用国产和俄罗斯进口苏打粉（面碱、食用碱）清洗桃子，视频显示，俄罗斯苏打粉洗桃子很正常，国产苏打粉洗桃子会变黑，老人质疑桃子里面有问题，　还声称“千万不要用国产的苏打粉，那是毒上加毒”。之后，他又“语重心长”地谈到了美国对中国发动转基因生物战争、草甘膦、加碘盐、和平演变、亡国灭种等耸人听闻的话题，最后还“请求”专家给出答案。

用苏打粉洗桃子之所以变黑属于正常的现象，是桃子中花青素类物质的变色反应。花青素是很多植物中都存在的黄酮类物质，在酸性环境下是红色，在碱性环境下是蓝色或紫黑色。那为什么视频中用俄罗斯苏打粉洗桃子不变色呢？其实秘密就在于其清洗方式。视频中两种苏打粉的操作流程都是：桃子打湿→撒苏打粉→揉搓→冲水，但有两个细节非常隐蔽，一个是用量，俄罗斯苏打粉用量明显少于国产苏打粉；另一个是搓洗时间，用俄罗斯苏打粉揉搓时不到6秒钟就开始冲水，而国产苏打粉揉搓过程中，老人不停地絮叨，整个过程长达55秒。桃子皮相对致密，碱水渗入需要一定时间，因此俄罗斯苏打粉短时间揉洗并无明显变化。实际上，如果长时间揉搓，不管用哪国的苏打粉，桃子都会变色，毕竟苏打粉的酸碱性质都一样。视频中老人说，用苏打粉洗黑的桃子还会变回黄色，这因为用苏打粉搓洗时只有少量碱水渗入，稍微放一放就被桃子内部的成分中和了。不过桃皮中有一部分色素被高浓度碱水破坏，无法完全恢复原来桃子的容颜。如果仔细看看视频截图就会发现，洗黑的桃子皮并不是全都变黑，而是原先红色的部分变黑，而且原先越红的地方越黑，原先发黄或发绿的部位却基本没有变色。

日常生活中，很多家庭因为担心果蔬有农药残留，喜欢用各种方法清洗，其中用碱水洗是常见方式。其实，去除农药残留用清水浸泡冲洗即可，去皮是比清洗更便捷有效的去除农药残留的方式。不要轻信那些卖农药残留清洗剂、清洗粉、清洗机的商家。

二十四、水果蔬菜洗煮过程中掉色是不是因为染色了?

2012 年 9 月，南京市民朱女士从农贸市场买来的黑玉米煮熟之后，原来的清水竟然变成了一锅“墨汁”，让她怀疑这玉米是不是被染色了。2012 年 12 月，一网友发微博称，自己在超市买了紫薯，晚上一煮，吓一跳，水变成了绿色，他怀疑自己买的紫薯是染了色的普通红薯。2013 年，豆瓣等论坛中盛传，“买回家的草莓用水浸泡后，草莓表面泛白，水则变红了，疑似染色草莓”，另有网友称，“正常情况下草莓表面的种子是金黄色，如果是红色的可能是染色草莓”。2015 年，媒体报道称厦门一消费者在淘洗从超市买回的黑米时，看到米汤颜色乌黑，怀疑买到了“染色黑米”。涉及“染色”问题的果蔬主要包括黑糯玉米、紫米、黑米、草莓等，主要特征为存在掉色现象。

“墨汁玉米”其实是黑糯玉米。黑糯玉米是一个玉米品种。所谓“墨汁”的产生是因为此种玉米中含有水溶性黑色素，俗称“花青素”。而这种花青素是无毒无害的，完全可以放心食用。而且就其营养价值来看，它有抗癌、增强免疫力的功效，有一定的食疗作用。在玉米的表层有一层光亮的蜡质层，一般来说很难对其染色，就这种黑糯玉米而言，连它的心都是黑色的，普通的染色就更难做到了。

紫薯水煮掉色属正常现象。紫薯里也含有水溶性色素花青素，花青素可以随细胞液的酸碱性改变颜色。细胞液呈酸性则偏红，细胞液呈碱性则偏蓝绿色。如果煮紫薯的水呈碱性，紫薯中的花青素在这种环境里就呈现出蓝绿色，这是一种正常现象。

草莓保鲜期很短，尤其是沾水后极易腐烂。如果用染色剂去染草莓，染色的过程必定会接触到水，这样会使草莓还没上市就烂了，草莓不可能染色。因为草莓本身就是红色的，拿在手上稍有点破损就会导致手指变红，放入水中一会儿也会使水变红。另外，草莓太熟或者放久了也会出现掉色现象，这都是草莓自身的天然色素所致。此外，草莓种子是外露的，种子颜色随着草莓的成熟度在不断变化，草莓果实是青色时，种子也是青的，等草莓熟透了，种子也会随之变为红色。

黑米、黑豆、黑芝麻等泡水后适度脱色是正常现象。黑米本来就含有花青素。而花青素溶于水后，就会使水变成紫褐色。一般有颜色的谷物泡水后都会落一些颜色，这是正常现象，而且水温越高溶出越快。其实目前市面上的染色杂粮、谷物非常少，这是因为要将普通米染成高逼真的“黑米”，技术、染料上的代价太高，那样做，很可能得不偿失。

二十五、樱桃核有剧毒么?

网络中曾传播一个“紧急通知，小心丢了性命”视频，一市民吃了樱桃后，感觉肚子疼痛、呼吸困难，送到医院抢救，被确诊为“氰中毒”。该视频称，樱桃核被嚼碎后，核仁内名为“氰苷”的化学物质会进入人体，与胃酸反应，产生剧毒的“氰基离子”。还有网文说，一名游客在植物园游玩时，摘了樱桃尝了5颗，随后腹痛、头晕，晕倒在地;有一家5口人吃了5颗樱桃，当场毙命。除了樱桃核，苦杏仁、苹果种子、土豆、番茄等食物都曾被传言“暗藏杀机”，吃多了可能会中毒。近年来，网民多冠以“5颗樱桃核毒倒成年人”、“樱桃核有毒 千万别吮吸”等类似标题在微信、BBS论坛等渠道反复传播。

樱桃仁里确实有氰苷，可要通过吃樱桃达到中毒的程度就太难了，更何况没有几个人吃樱桃是不吐樱桃核的。如果要将樱桃榨汁食用，建议先将樱桃去核。事实上，每克樱桃仁中的“氰苷”，折算为氢氰酸后大约只有几十微克，临床上氢氰酸导致人中毒的剂量，约为每千克体重摄取2毫克左右。假设每克樱桃仁能“产生”50微克氢氰酸，一名体重60千克的成人吃下2.4千克樱桃仁才会出现中毒症状，5个樱桃仁的氢氰酸含量远不足以致命，“嚼5颗樱桃核就毒倒一个成年人”的说法不科学。从营养学和医学角度来说，这种“氰基离子”经“胃酸转化”致命的说法并不可信。谣言中的消息如果属实，其中毒事件也应该和樱桃核无关。因为游客有时所在的游览园区，管理方为了维护景观，樱桃上可能打了剧毒农药，也有可能中毒者当时吃的樱桃根本不是可食用果实。

血橙

二十六、柑橘、樱桃、杨梅等水果中有蛆虫吗？

网络中经常出现一些有关“水果果肉中有蛆虫”的报道。2008 年，四川旺苍县爆发大规模柑橘大实蝇虫害的舆情，而后引发连锁反应，江苏、山东、河南、陕西等多地相继曝出“蛆虫柑橘”问题；2013 年，微信中传出所谓的“紧急通知：今年樱桃里寄生了一种蛆虫，几乎大部分的樱桃里面都有。找最好看最新鲜的樱桃，放透明玻璃杯中，倒进水后放点盐，大约两分钟就会看到这些蛆虫从完好的表皮往外钻”；2014 年，浙江部分媒体爆料称，“三颗杨梅十几条虫”，引发消费者恐慌；2015 年，微信朋友圈中再度热传“10 颗樱桃里 9 颗有蛆”。近年来有关水果果肉中寄生“蛆虫”的报道涉及柑橘、杨梅、樱桃和荔枝等多种水果，网络声量颇高。

柑橘、樱桃、杨梅等水果果肉中有时可见到的蛆虫是为害这些水果的实蝇或果蝇等害虫的幼虫，就像有时可在青菜中看到的青虫是为害蔬菜的蛾蝶类害虫的幼虫一样。那为什么大家见到青菜中有青虫很正常，但遇到水果上有蛆虫就害怕呢？关键是一个“蛆”字！蛆虫让我们想到的是爬满粪坑的一群蠕动着的恶心小虫，这是家蝇幼虫。家蝇蛆虫与水果上蛆虫虽同属双翅目害虫（所以幼虫都叫蛆），但此蛆非彼蛆。家蝇是腐食性卫生害虫，以腐烂物或粪便为食，不仅令人恶心反胃，而且携带大量病原菌，人吃了被家蝇成虫叮过或家蝇蛆虫爬过的食品就很有可能会生病。然而，水果上的实蝇或果蝇是植食性植物害虫，以有生命

观摩水稻机械化收割

或新鲜的水果为食，没有病原菌，所以水果上即使有蛆虫，去虫后还是可以吃的，就像青菜中有青虫，我们把青虫去掉后青菜还是照吃不误一样，并不影响食用健康和安全。

柑橘大实蝇是一种植物检疫性害虫，分布在一定区域，但可通过果实运输远距离传播。一旦在没有发生柑橘大实蝇的地方（即非疫区）出现，就必须立即全部销毁以斩草除根，切断入侵源头。特别是如在果园已有发生，更要全部摘除虫果、拾捡落果，然后撒上石灰集中深埋彻底销毁。2008 年广元“蛆虫柑橘”事件发生后，当地就是这样销毁蛆橘，扑灭柑橘大实蝇疫情的。本来这是植物检疫的事情，与农产品安全无关，但老百姓误以为是人吃了蛆橘有害健康，所以政府要及时扑灭疫情。

二十七、早稻是化肥农药催熟的吗？

2012 年前后，一则微博称，“江西一年收获两季水稻，但很多当地人只吃第二季大米，第一季似乎没人吃。这是为什么？由于怕耽误第二季，农民会使用各种方法包括化肥、农药对第一季揠秒（苗）助长。”这条微博引发较大关注，不少网友将信将疑，早稻真的是化肥、农药催熟的吗？

化肥、农药不会催熟早稻，影响早稻早熟的是气候和品种。使用化肥主要是为了高产，并不能缩短早稻的生长周期。相反，在早稻生长晚期如果过量使用化肥，反而会导致水稻“贪青晚熟”，延长其生长周期。而使用农药主要是为了稳产，不会影响到生长周期。目前，还没有发现能够缩短水稻生长期的农药。决定水稻生长期的主要是有效积温和光照。早稻属于感温型品种，气候对其生长期影响较大。当有效积温达到一定数值，早稻开始幼穗分化，所以在早稻生长期内，如果气温较高，早稻就容易早熟。

早稻直链淀粉高，加工成米粉，当地人很爱吃。江西米粉原料 80% 是早稻米，掺了 20% 左右的晚稻。根本不存在第一季大米没人吃的现象。早稻米是高温逼熟，口感相对差，米质疏松易于加工。目前，早稻主要作为国家储备粮和加工原料。国家储备粮对稻谷含水量有要求，不能过高，而早稻成熟期一般是高温天气，易晒干，耐存储；晚稻成熟期不太容易晒干，含水量达标相对困难。另外，早稻相对较低的销售价格，是其作为加工原料的重要原因。关于口感问题，大多数人都认为中晚稻米口感上优于早稻米。稻米中的淀粉分为直链淀粉和支链淀粉两种。影响口感的主要是稻米的直链淀粉含量、糊化温度、胶稠度（米饭在蒸煮过程中伸长的比例）。直链淀粉含量高，则易消化，但米饭口感较硬；支链淀粉含量高，米饭口感柔软，但不易消化。普通早稻的直链淀粉含量一般比晚稻高，胶稠度和糊化温度比晚稻低，这使早稻米煮熟后的口感较硬。南方籼米中，普通早稻的直链淀粉含量大约为 25%，晚稻一般为 15% ～ 22%，北方粳米的含量为 14% ～ 19%。这就是为什么晚稻口感要好于早稻，北方粳米的柔软度一般要好于南方籼米。糯米饭中直链淀粉的含量小于 2%，所以糯米饭口感非常柔软，但不易于消化。

二十八、“镉大米”问题严重吗?

《南方日报》2013年2月下旬报道，记者在广州市场随机抽取多批次湖南大米，结果均显示镉超标，属于不合格产品。“镉大米”问题引发了全社会的强烈关注。

镉是一种重金属元素，在冶金、塑料、电子等行业非

稻鸭种养

水稻基地

常重要，却会对人体产生危害。除土壤本身可能含有镉，镉通常通过废水排入环境中，再通过灌溉进入食物，水稻是典型的“受害作物”。人长期食用含镉的食物会引起痛痛病（即骨痛病）。病症表现为腰、手、脚等关节疼痛。

镉大米一般指镉含量超标的大米。市场出现重金属镉超标的大米主要是因为在被重金属镉严重污染的农田种植水稻。镉污染大部分来自矿区。一些肥料中也含有重金属镉。食用镉大米并不意味着快速中毒乃至死亡，而且我国当前的镉大米超标问题总体并不很严重，尚未出现流行性病学问题，不必过度恐慌。为降低食品中某些元素对人体的危害程度，主动而广泛摄入各种食品尤为重要，人们应当更加“杂”地取食，比如多吃些海产品、豆类产品、瓜子等含锌量较高的食品。

二十九、真有“塑料大米”吗?

2017 年 5 月，微信中疯传一段 2 分钟的视频。视频中，一男子将塑料袋放入一台机器，经过熔解、拉丝、切割等工序，最终生产出一粒粒状似米粒的白色固体。视频配有文字称，这就是假大米的制作过程。受该视频影响，相继有河北、云南、湖南、海南和内蒙古等多地消费者在网络中爆料称吃到了“塑料大米”，进一步加剧了网民对“塑料大米”话题的关注。“塑料大米”的谣言不仅在国内泛滥，近年来有关“中国塑料大米流入海外”的传言几乎每年都有发生。

网传视频展现的是正常的塑料造粒过程，根本不是在制造“塑料大米”。视频中所用的设备在塑料行业很常见，是一台塑料造粒机。工厂把回收来的塑料放入塑料造粒机，生产出再生塑料颗粒。这些颗粒是再次制作塑料制品的半成品原料，之所以要做成颗粒状，是为了便于储存、运输。塑料成本高于正常大米。再生塑料颗粒的均价为 10 元 / 千克左右，而普通大米不超过 5 元 / 千克。塑料颗粒生产成本比大米高多了，不存在以塑料颗粒代替大米出售的可能性。

普通大米与“塑料大米”存在显著外观差异。实验发现，普通米都微微白里泛着黄，光泽度差；而“塑料大米”则是较为透明的纯白色，两相对比，“塑料大米”颜色特别白。大米的白色接近自然，是生产出来的本色，所谓的“塑料大米”也能通过添加染色剂变成普通大米的颜色，但与大米颜色色号相匹配的染色剂比较难找，所需成本巨大，不具备现实可行性。此外，正常的大米大小均匀，形状相似，在生产过程中有自然形成的断粒。“塑料大米”比一般大米短，且边缘棱角更加分明，有些则是规则的圆柱体。普通大米都有米的自然清香，“塑料大米”一般没有任何味道。

三十、西红柿能“长生不老”吗？

2015 年 8 月，济南傅女士在农贸市场购买了 4 个西红柿，当天炒菜吃掉 3 个后，剩下的 1 个放在厨房就被遗忘了。直到 9 月份，当傅女士再次见到这个西红柿的时候，距离购买之时已经 30 多天了，然而令傅女士惊讶的是，这个西红柿不仅没有任何损坏，而且表皮依旧光鲜，跟刚买回来时的样子比一点都没变。出于好奇，傅女士从那天开始在朋友圈记录了这个西红柿的变化过程，这一记录就是两个月的时间。截止到 11 月初，西红柿已经在傅女士家度过了 79 个夜晚，不少看过傅女士朋友圈的人都惊呼，这个“长生不老”的西红柿究竟是什么做的？

久放不坏的西红柿属于“硬果型”耐贮品种。正常成熟的西红柿采摘第 5 天就会开始腐烂，等到第 25 天腐烂率几乎达到 100%，并且果实风味很快变质，品质下降。利用番茄成熟突变基因（迟熟基因）培育的耐贮品种，是延长贮藏期的一种途径。其特点就是果肉较硬、汁水较少，不易腐烂，通常可存放 2 ～ 3 个月，果实不变色或转为淡黄色。如果外界温度适宜，空气相对干燥也可以保存更久。

三十一、市售蔬菜上有“蓝色颗粒”还能吃吗?

从2012年开始，网上每隔一段时间都会出现“蔬菜的叶子上有蓝色颗粒”的“图片新闻”。2012年10月下旬，有广州市民爆料，在菜市场买回来的菠菜发现被淋上了蓝色的保鲜剂，看样子像是硫酸铜，让人十分担心，也不敢食用。2016年，多家媒体爆料称，有消费者买到“染色小葱”等。

蔬菜叶子上的这种蓝色颗粒是一种名为四聚乙醛的农药，并不是大家猜测的化肥或者硫酸铜（硫酸铜易溶于水），它是含有6%～10%的四聚乙醛并混合了饵剂的颗粒型农药，相对应的农药名叫蜗螺克、斗螺、杀螺胺等，因为商家配方不同，颜色各有不同，除了蓝色，还有绿色和红色的。特点是遇水软化，不易溶于水，有特殊香味，对螺、蜗牛和蛞蝓等软体动物具有很强的引诱力，蜗牛等吃或接触之后会导致神经麻痹、脱水而死。按我国农药毒性分级标准，四聚乙醛属于低毒农药，它对蜗牛以外的其他生物毒性很小，没有致癌、致畸、致突变等毒性，每日允许摄入量是0.01毫克/千克。其实这种农药根本不需要撒在蔬菜上，因为它本身含有对蜗牛的引诱成分，只需要将这些药物撒在菜地周围，就可以杜绝蜗牛的泛滥。一些菜农不懂得这种农药的正确使用方法，违规操作造成了这种现象。如果不慎买到了沾着蓝色颗粒的蔬菜，很有可能是农药直接落到了蔬菜表面。蔬菜清洗时只要将蔬菜叶子一片一片掰开，将残留的蓝色颗粒去掉，或切除扔掉有药物沾染的部位之后清洗干净即可。

三十二、黄瓜“顶花带刺”是抹了避孕药吗？

头顶小黄花的黄瓜在全国各地的农贸市场随处可见，一些媒体、网帖及视频称，本该“瓜熟蒂落”的黄瓜直到上市仍然“顶花带刺”是用激素蘸花的结果，而这种激素等同于“避孕药”，食用后会影响人正常生长发育。除了包括声称“顶花带刺”的黄瓜是“抹避孕药”所致外，黄瓜问题在传播过程中还逐渐出现了一些“变体”。如有媒体爆料称“市民咬过的黄瓜还长个，是激素所致，不能吃”；网络传言“直黄瓜是激素药物所致，弯黄瓜才是天然食品”；在菜市场上偶尔出现的“连体黄瓜”是使用激素造成的，“连体黄瓜有毒”。

人们常说的避孕药是动物激素，对黄瓜生长发育没有任何作用，不可能使用在黄瓜上。人们之所以谣传为避孕药，可能是因为黄瓜上使用的植物生长调节剂能促进黄瓜生长发育，具有激素的作用，避孕药也是激素，最后传成了黄瓜使用避孕药。我国允许在黄瓜上使用赤霉素、芸苔素内酯、氯吡脲等10种生长调节剂，都是植物激素，与动物激素在性质、结构、功能、作用机理等方面是完全不同的两类物质。

黄瓜的花基本上是雌雄同株异花，偶尔也出现两性花。黄瓜果实为假果，可以不经过授粉、受精而结果，结出“顶花带刺”的黄瓜。冬春季在保护地中进行黄瓜栽培，由于受低温、短日照、弱光等影响，黄瓜植株生长势弱，生长缓慢。黄瓜在低温、短日照条件下雌花数量多，坐果率低，影响黄瓜产量，因此，种植户常常在开花当天或前一天用浓度约为50毫克/升的氯吡脲药液涂抹花柄，以提高坐果率、增加产量。冬春季节生产的“顶花带刺”黄瓜，部分是由于黄瓜自然单性结实产生的，也有个别是使用氯吡脲产生的黄瓜单性结实而出现的，并不是传说的使用“避孕药”所致。

直黄瓜、弯黄瓜都可在自然条件下生长形成。生长条件决定黄瓜弯直的比例，品种也有影响。一般来说，直黄瓜才属正常。温光水肥等条件比较好，植株生长健壮，直黄瓜出现的比例多。如果环境条件不好，出现低温弱光、高温强光、缺水、养分不足等情况，导致黄瓜早衰或者生长不良，植株结出的弯黄瓜比例可能会更高。科学家们想出一些办法来调控，以减少弯瓜的比例。一般使用的是氯吡脲调节。氯吡脲是植物生长调节剂，正常使用对人体生长发育无副作用。在

涪陵青菜头基地

植株生长环境不好的前期，温光条件不良，植株生长不健壮，或者后期植株早衰时，在黄瓜花上涂上浓度适宜的氯吡脲，可以改善果实的生长状况，同时也可以减少弯黄瓜的比例，提高黄瓜的产量和商品价值。

一般情况下连体黄瓜是由于黄瓜花的两个或多个子房在雌蕊中生长发育时，长期紧挨在一起，部分细胞、组织之间出现愈合，营养成分、生长物质互相交流生成的；还有可能是黄瓜孕育花苞时基因发生突变，导致开花时两个花蕊连在一起。但由于子房都有一定间隙，紧挨在一起的机会很小，所以连体黄瓜出现的概率并不高。蔬菜中时常有这类连体蔬菜，其中黄瓜、番茄比较常见。樱桃、草莓、香蕉等水果也常见到连体的。连体蔬菜、水果吃起来与正常的蔬菜、水果没什么不一样，其营养价值和正常蔬菜、水果没有大的差别，不会对人体造成伤害，可以放心食用。

三十三、有虫眼的蔬菜更安全吗？

坊间很早便出现了相关的传言：买菜时挑虫眼多的蔬菜，认为虫眼多表明没喷洒过农药，吃起来安全。近年来，伴随着微博、微信、抖音等新媒体渠道的成熟，相关谣言在网络中再度泛滥。

有虫眼蔬菜并不等于没打农药。在农业生产中，病虫害防治讲究“防患于未然”，作物一旦遭受病虫害，防治就难了。以蔬菜为例，一旦蔬菜被吃出洞，菜农为了“抢救”蔬菜，可能会使用更高浓度或大剂量的农药，以期快速除虫。所以说，虫眼不应当作为挑选安全蔬菜的评价标准，有虫眼的菜很可能是没有做好早期虫害防治，并不等于没打农药。

有农药残留不等于农药残留超标。很多人担心农药能毒死虫子，那残留的农药也可能危害人体健康。其实现在允许使用的都是高效低毒低残留农药。所谓高效低毒是指对害虫高效，对人和高等动物低毒，并且不仅考虑食用安全，同时还兼顾喷药者安全和环境安全。农药使用后在农产品中检出残留是正常的，只要残留不超标，消费者就可以放心食用。我们对农产品中的农药残留问题应理性对待，大可不必产生恐慌心理。

三十四、空心番茄是不是打了激素?

2017 年 6 月，一则关于空心番茄的消息在网上广为传播。帖子称，“空心的、带尖尖的、外表红里面绿的番茄都是打了激素的，吃了都有毒”。消息让很多人惶惶不安。

番茄空心的原因有很多，跟植物激素没有太大关系。植物激素，即植物生长调节剂（如番茄灵）的确能促进番茄果实的坐果和果实膨大，使用浓度过高，可能导致其空心。但是，这并不是唯一原因。光照不足、养分供应少、受精不当、外界温度过高、肥水施用不当等都可能会导致番茄空心。空心是瓜果种植常碰到的一种生理性病害，空心番茄属于畸形果实，它只是形态有点问题而已，可能口感稍差，但并无害，是可以吃的。

在番茄种植过程中，有尖的番茄属于一种畸形果，还包括桃形、瘤形、疤果等等。畸形果是番茄种植环节常碰到的一种生理性病害，也是番茄种植过程中的一个难点，果农们都需要尽量控制。番茄花芽分化的质量决定果实能否发育成正常果。如幼苗期花序形成时遇低温、氮肥多、水分充足，花芽过度分化，果实则形成桃形、瘤形或指形；如苗龄拉长，低温或干旱持续时间长，则形成裂果、疤果或籽外漏果实；花芽细胞分裂过旺，心皮数目增多，开花后由于各心皮发育的不均衡，果实则形成多心室的畸形果。可见，植物激素对番茄是否长尖并没有太大影响。另外，现在有些番茄长尖，其实是育种家选育出来的新品种。

番茄的色泽主要同果皮的类黄酮类物质、果肉中叶绿素和类胡萝卜素类物质有关。番茄红素是成熟番茄的主要色素，其实也是类胡萝卜素的一种。果皮颜色分为黄色和透明两种，是由一对等位基因控制。果肉颜色主要分为红、黄、橙色三种，分别由不同的基因控制，这些基因的不同组合使成熟番茄果实表现出不同颜色。在番茄果实发育早期，果实内色素主要是叶绿素，在后期成熟过程中，叶绿素逐渐分解，类胡萝卜素不断合成。由于番茄果实颜色受到许多基因控制，这些基因的作用机制在于控制类胡萝卜素生化合成过程的不同环节，从而影响类胡萝卜素的组成，最终使番茄表现出不同的颜色。

三十五、生吃番茄会中毒是真的吗？

2019 年 8 月下旬，一篇题为“番茄的坏消息——很重要”的文章在网上广泛传播，说“番茄有龙葵碱毒，不要生吃”。相关传言援引了一“日本厚生省研究员”的说法，称“生鲜番茄含有可致死的龙葵碱”，当人们生吃番茄以为自己在摄取番茄红素时，其实摄入的是龙葵碱，是“以生命作为代价”。英国的一临床医学博士也证实了这一说法。这不禁让很多人担心，口感酸甜、营养丰富的番茄还能当水果愉快地生吃吗？其实这一传言 2016 年就已出现过。

龙葵碱又名茄碱、龙葵毒素、马铃薯毒素，是由葡萄糖残基和茄啶组成的一种弱碱性糖苷，广泛存在于马铃薯、番茄及茄子等茄科植物中。龙葵碱对胃肠道黏膜有较强的刺激性和腐蚀性，对中枢神经有麻痹作用，尤其对呼吸和运动中枢作用明显，严重者可导致死亡。没有成熟的青色番茄确实含有龙葵碱，其含量高到可能会对人体健康构成影响，但成熟番茄中的含量非常低，只要不过量生吃不会中毒。需要注意的是，以龙葵碱等为代表的糖苷生物碱很难通过烹饪破坏，没有成熟的青色番茄，即使烧熟了吃，也可能有风险。

网络文章声称“生番茄有龙葵碱毒，故不要生吃”混淆了 “生”的两个含义，一是未经烹饪的状态，二是未发育成熟的状态。“生吃番茄有毒”，既可以理解为未烹饪的番茄都有毒，也可以理解为没成熟的青番茄有毒。未成熟的青番茄不宜生吃，煮熟了也不宜食用。成熟了的红番茄，龙葵碱已经被植物自身代谢转化掉，可以生吃，煮熟了吃更加没有问题。

三十六、食用菌富集重金属吗?

2014 年 4 月前后，网络上一篇叫做“蘑菇还是少吃一点吧”的帖子被很多网友转发。帖中提到，一名来自瑞士苏黎世大学研究真菌的博士说，蘑菇虽好，但它对铅、汞等重金属的富集能力强，最多可达到 100 多倍。由于人体没有排出重金属的机制，所以食用蘑菇后，这些重金属会在肾小管内聚集，严重时甚至会引起肾小管坏死。帖文最后调侃说，“瑞士人均寿命 80 多岁，就是不吃蘑菇的功劳”。

金属元素广泛存在于自然界，动物、植物和微生物都依赖于自然界的水、土、气生长，在生长过程中或多或少地会吸收一些微量的金属元素，食用菌也不例外。因此，从科学的角度讲，食用菌可能存在微量的重金属残留，但并不代表富集能力强。除个别食药用菌对某种特定重金属有较强吸收能力外，如研究发现食药用菌姬松茸对镉有较强吸收能力，而其他常见食用菌则无此现象。野生采摘的食用菌中的重金属来自于其生长地的土壤、有机质、水源与空气污染等；人工栽培食用菌的重金属来源于栽培基质、覆土、空气、水。一般菌菇的生长周期比较短，通过食用菌的菇体表面吸收周围的重金属比较有限，食用菌对重金属的富集，最有可能的是发菌期通过菌丝从栽培基质中吸收。随着科技的发展，如今人工栽培食用菌所用的主要培养基原料已从单纯使用椴木、木屑等木材原料转向农副产品辅料，同时加入一定量的石灰、石膏、磷酸钙等调节基质酸碱度的物质。目前食用菌栽培所使用的基质和辅料中的重金属含量都很少，且有明确的控制指标及相应的监测措施。如果真是基质或辅料中重金属严重超标，那绝大多数生产菌种也就无法存活和正常生长。

关于食用菌富集重金属的传言来源基本都是国内外自然生长的野生菌菇，尤其是对非食用的真菌富集重金属的研究结果。市面流通的食用菌以人工栽培为主，人工栽培食用菌都会筛选无污染的原辅料，采用生活饮用水及未被污染的土壤，避免重金属污染。而且，大多食用菌栽培无需土壤，重金属污染更易控制。食用菌栽培是很讲究的，尤其是食用菌工厂化栽培，所有栽培使用的原料在栽培之前都要进行严格挑选和检查，重金属是必检指标，重金属超标的原料是不可能用于食用菌栽培的。目前的人工栽培食用菌，已基本切断重金属污染来源，不存在重金属污染问题。我国农业生产已在大力推行规模化、标准化、优质化和品牌化。针对食用菌生产，对于各种生产原辅料和投入品、生产全程控制、产品等级规格以及安全限量等方面，

杏鲍菇出菇

国家已制定了相应的产品质量标准、安全生产规范和安全限量标准。通过对生产过程进行严格管控，确保上市产品质量安全。

三十七、黑木耳会频繁用农药吗?

2018 年 8 月，各大社交平台上疯传一个以“利益驱使，黑木耳生长过程竟然全程打农药”为内容的视频。视频中，一名正在给木耳打药的男子向视频拍摄者介绍，木耳每年至少需要打两次药，现在正在打的是除草剂“农达”（草甘膦），且直接喷洒在耳片上。该男子声称，有的农户还会使用激素，农户不会吃自己种出来的木耳。

该视频拍摄单位、时间及地点不明，“摆拍”特征明显，所反映的情况与事实不符，具有明显的动机不良和恶意抹黑的意图，可能会对不了解食用菌生产实际的消费者产生很大的误导，引起了食用菌行业和社会的质疑。

画面中栽培模式是地栽，在木耳的地栽模式中，为了防止地面杂草的生长，一般会在覆膜之前提前除草，覆膜后黑木耳菌袋才会进场排袋。排袋后靠黑色地膜和前期除草剂药效即可有效阻止杂草生长，无需喷洒“农达”等除草剂。此外，“农达”是一种高效低毒的除草剂，入土后很快就会降解，残留量极低。黑木耳栽培过程中常见的虫害有菇蚊、菇蝇和螨类等，杀虫的正常方式是干湿交替的物理方法，阳光自然照射也能杀虫，只需将菌棒上的木耳晒干，虫害就可自然消失。黑木耳对化学药剂十分敏感，喷洒农药反而易致畸形耳，菇农宁可通过阳光暴晒进行虫害防控，也不愿在正在出耳的菌袋上喷洒农药。在木耳种植过程中一般不使用植物生长调节剂。

三十八、食用鲜木耳会中毒吗？

2018年8月，有新闻报道浙江金华一家三口因食用浸泡2天的木耳出现食物中毒事件，其中7岁小女孩出现多脏器衰竭，直接进了重症病房。近年来，经媒体报道的有关因食用木耳导致中毒的案例频发，引发了社会的广泛关注。

这些黑木耳中毒病例，都有一个共同的特性，即黑木耳一般都泡发了2天以上，容易引起腐败变质。木耳本身没有毒。但变质的木耳可能被椰毒假单胞菌污染，这种细菌在一定条件下会产生致命毒素“米酵菌酸”，导致食用者中毒。米酵菌酸耐热性很强，120℃高温处理1小时仍可保持毒性。该食物中毒无特效解毒药物，死亡率可达40%。要将木耳表面清洗干净，使用干净的容器和水泡发，一次不宜泡发过多，泡发时间不宜过长，泡发好后要及时食用；如需过夜，应放在冰箱冷藏室；泡发后如果发现耳片发黏、软、无韧性或有异味，一定要丢弃。在食用泡发好的木耳前，要彻底清洗干净后再烹调，即使需要凉拌，也一定要在选好食材的基础上，用开水漂烫，并适当添加大蒜、醋等，以降低发病率和死亡率。不要食用自采鲜木耳（新鲜木耳中含有一种名为“卟啉”的物质，易引起皮肤瘙痒、红肿、水泡、痒痛等不适）。特别是已变质的木耳，中毒风险极高。

三十九、萝卜有“蓝心”能不能食用？

2015 年 11 月 14 日新京报求证报道，市民王女士在涮火锅时发现，切开的白萝卜片居然是蓝色的。此前，网上流传消息称“蓝心萝卜是加了有毒保鲜剂，不能吃”，这样的说法让王女士有些担心。

萝卜在大面积种植的时候，白萝卜的花粉可能会与红萝卜、绿萝卜的花粉混合，造成品种不纯，就有可能出现蓝萝卜；萝卜变色与储存条件和环境有关，有时在受凉情况下，萝卜中的酚类物质可能会转换成花青素，而花青素

萝卜标准化种植

萝卜种植基地

遇到碱性物质会变成蓝色，遇到酸性物质会变成紫红色；另外，也可能是白萝卜的黑心病，在染病的早期，是一种蓝心的状态。由于萝卜本身的价格很便宜，而添加保鲜剂需要大量的人工成本，一天花几百块钱的人工成本去加保鲜剂，商家“犯不上”。不过，萝卜变蓝是很罕见的情况，建议不要食用。

四十、食用“甲醛白菜”会得白血病么?

2012 年 5 月，有媒体报道，“山东省青州市一些地方被传出部分蔬菜商贩使用甲醛溶液喷洒白菜进行保鲜的现象。记者实地调查发现，这一做法在部分春白菜的长途运输中确实存在。一些菜商反映，喷甲醛给大白菜保鲜的方法已沿用三四年”。2015 年 6 月，有媒体曝出河北、山东等地蔬菜批发市场中贩卖的白菜喷洒了甲醛溶液，将其作为白菜防腐的特殊保鲜剂。而早前，世界卫生组织已将甲醛列为一级致癌物，并报告称甲醛超标可能诱发白血病。在部分媒体的报道中，把喷白菜的这种甲醛溶液称之为浸泡尸体用的“福尔马林”，引发消费者恐慌。

甲醛是被禁止作为农产品保鲜剂使用的，但用来喷白菜的甲醛溶液并不能称为福尔马林。白菜水分多，易腐烂，特别是根部易发生红根现象。个别不法商贩为了给白菜保鲜，用低浓度（约为 0.1%）的甲醛溶液蘸白菜根。而我们日常所说的福尔马林，主要成分为 37% ～ 40% 浓度的甲醛溶液，伴有强刺激性气味，一闻就闻得出来。

甲醛本身易挥发，也容易洗干净，吃白菜不用恐慌。甲醛确实可能诱发人体患白血病，但需要达到一定的浓度。甲醛极易溶于水，易挥发，在运输、市售环节“甲醛白菜”上的甲醛就挥发了一大部分，再经过浸泡、清洗、烹饪等环节，残留下来的甲醛微乎其微，不足以诱发白血病。因此，甲醛用于白菜保鲜虽属违规，但“致白血病”的说法有过分夸大之嫌。

四十一、胶带捆绑蔬菜会导致甲醛超标吗？

2013年开始，一些有关“胶带捆绑蔬菜致甲醛超标”的传言在网上传播，引发网友热议。这些消息称，超市里常见的捆绑蔬菜的胶带会导致蔬菜甲醛超标，而食用了这些蔬菜后会对人体产生危害。2017年，关于捆绑蔬菜的胶带“有毒”、“甲醛超标10倍”，长期食用这样捆绑的蔬菜可能致癌的说法在互联网上热传。

方竹笋

“胶带捆绑蔬菜致甲醛超标”属于不实传言。农产品在从产地到批发市场过程中，都是大宗包装储运，并无使用胶带现象；传统农贸市场摊贩销售大都以散卖为主，较少使用胶带。胶带多用于超市货架或室内农贸市场，主要是供货商为方便计量计价采取的分拣措施。常见的胶带是由基材和黏合剂两部分组成。平时捆绑蔬菜用的胶带，一般以聚丙烯薄膜为基材，经过涂抹黏合剂制成。有些黏合剂在制作过程中，使用甲醛作为辅料，若反应不完全，就可能存在少量的甲醛残留。塑料膜和黏合剂都是聚合物，在常温放置的条件下很稳定，降解释放大量甲醛的可能性极小。蔬菜捆绑用的胶带只有很窄的一条，其甲醛残留量很低。甲醛的水溶性和挥发性很强，与蔬菜接触时间短，很难在蔬菜表面积累。国家标准 GB 9685—2016《食品容器、包装材料用添加剂使用卫生标准》中明确规定，甲醛可用于食品接触性黏合剂生产，最大残留量应小于 15 毫克 / 千克。严格按照相关标准生产的胶带不会对蔬菜质量安全产生影响。

四十二、蒜薹或香蕉蘸甲醛保鲜吗?

2016 年 5 月前后，微信中频繁传播一个“蒜薹蘸料”的视频。视频中，两名身穿塑料雨衣、手戴塑胶手套的中年妇女，每人面前各有一个大盆，盆中有大半盆的乳白色液体。她们正一捆一捆地把蒜薹往这种乳白色液体里浸泡。浸泡大约 1 秒钟后，就往右边平板上转移。视频很短，约 10 秒钟。网民转发时配以“甲醛浸泡蒜薹保鲜”之类的文字说明，更有甚者注明“这是一个在三亚第一市场卖菜的有良心的朋友发来的”。该视频以微信为主要传播渠道，相关问题引发市民的不安情绪。同期，微信中又传出了一条类似视频，标题为“香蕉浸泡的白色液体是甲醛或者甲醇等有毒液体”，再度引发网民恐慌。

蒜薹浸泡的白色液体是保鲜剂。5月份正是蒜薹收获的季节，网上那段视频录的就是蒜薹收获后、入库贮藏前的处理，用来蘸蒜薹的乳白色液体是一种蒜薹保鲜剂，其主要成分是咪鲜胺，可有效抑制蒜薹贮藏期霉变、老化，结合冷库贮藏可使蒜薹的贮藏期延长至8个月以上。咪鲜胺是一种广谱、高效的杀菌剂，在我国被允许使用于芒果、柑橘、黄瓜、香蕉的贮藏保鲜中。常温下咪鲜胺的半衰期约为10天，1个月后降解率可达90%；冷库条件下70天左右其降解率可达90%，若蒜薹经过8个月贮存，其中残留的咪鲜胺大部分可被降解。近年来对蒜薹贮藏保鲜环节的监测数据显示，咪鲜胺残留量均在国家规定的残留限量范围内，符合国家标准要求。

香蕉浸泡的白色液体也是保鲜剂。香蕉产于热带亚热带地区，每年大量香蕉北上来到我们的餐桌上。香蕉采摘后呼吸旺盛，到了一定成熟度时会出现“呼吸爆发”，迅速衰老变软，抵抗力下降，很容易被碰伤或被真菌侵染，变黑腐烂。香蕉采后保鲜是一个关键环节。目前主要使用的香蕉保鲜剂为咪鲜胺、甲基硫菌灵、异菌脲，这些都是国际公认的低毒杀菌剂，降解速度较快，且都是经过相关部门登记允许在香蕉保鲜中使用的，也都制定了相应的推荐使用量和残留限量标准。近年来对香蕉贮藏保鲜环节的监测数据显示，部分香蕉产品中不同程度检出咪鲜胺、异菌脲、甲基硫菌灵等保鲜剂残留，但残留量均在国家规定的残留限量范围内，符合国家标准要求。

四十三、菊花茶有毒吗？

近年来，关于菊花茶有毒的说法屡被提起。有网文称，全世界所有花茶都要用杀菌剂保鲜，其中菊花杀菌剂贝芬替超标尤为严重。

贝芬替就是多菌灵，是菊花种植过程中防治病害用的杀菌剂，不是保鲜剂，是国家允许使用的低毒农药，全世界普遍应用。在种植过程中，菊花真菌病害严重时洒多菌灵，20 毫升药兑 30 升水，用药量很少。成品菊花低温保存即可，无需保鲜剂。干菊花泡的量很少，一天最多 3 ～ 5 克。而贝芬替（多菌灵）每天允许摄入量是 0.03 毫克 / 千克体重，本身的急性毒性并不高，加之贝芬替（多菌灵）水溶性不高，每升水中的溶解度为 8 毫克，也就是百万分之八，泡茶后摄入体内的量微乎其微。菊花茶能放心饮用。但是，菊花属寒性，不宜长期饮用，尤其是身体虚寒、肠胃不太好的人，要慎喝。

四十四、香菜的特殊气味是人工化学物质吗？

2018 年 12 月央视生活圈微信公众号资讯，有传言称，香菜的特殊气味是人工化学物质，并指香菜不能和黄瓜、猪肉一起吃，和黄瓜一起吃会破坏维生素 C，和猪肉一起吃会耗气伤身，长期这样食用，还可能有致癌风险！男性吃香菜会阳痿！

香菜的特殊味道主要来自于它自身含有的正癸醇、苯乙醛、甘露糖醇、芳香醇和壬醇等挥发油物质。香菜中含有 40 多种化合物，这其中 82% 是醛类物质，17% 是醇类物质。其实这对香菜来说是一种保护机制，正因为如此，香菜在生长的过程中一般少遇虫害，也就不太需要喷洒农药，我们吃起来也就会更加放心。

传言说香菜不能和黄瓜一起吃，最主要的说辞是香菜中含有维生素 C，而黄瓜中含有“维生素分解酶”，这样一来两者相遇就会损失一部分营养物质。其实，黄瓜中不存在所谓的“维生素分解酶”，仅有一种叫“抗坏血酸氧化酶”的物质。但这种物质只是植物本身的一种防御机制，没有任何证据证明它会把食物中的维生素 C 氧化掉。所以，香菜和黄瓜完全可以一同食用。

传言称香菜“是一种辛温食物，吃起来耗气。猪肉本身滋补油腻、温热且容易生痰。当两种食物搭配食用之时，必然会对身体造成损伤，不仅不会补充营养还会损耗气血。长期这样食用，还有可能致癌”！其实，无论从现代医学还是营养学角度来看，香菜中所含的营养物质和猪肉根本不存在所谓的“相克”。举个例子，猪肉香菜面、猪肉香菜馅饺子，相信很多人都吃过，有谁出现过不良反应（香菜过敏者除外）？任何食物在谈作用或者毒性的时候都要考虑“剂量”问题，香菜作为一种配菜，一次不会吃很多，所以根本不存在所谓的“毒性反应”。

传言称“从小到大，妈妈总是不会让男孩子多吃香菜。因为，香菜本是无根之草，吃了之后会导致阳痿”。首先，食物仅仅是食物，不是药物，不会“治病”，也不会“致病”。香菜虽然含有一些维生素和矿物质，但它食用量非常有限，根本不足以谈所谓的“毒性”和“养生作用”。其次，和癌症一样，阳痿本身也是一种非常复杂的疾病，它发生的原因比较综合，医学上没有任何证据说明吃香菜会导致阳痿。喜欢吃香菜的朋友大可放心食用，当然对香菜“过敏”的人，建议还是不要吃了。

四十五、吃蕨菜会致癌吗？

2010 年 3 月，网络出现了一篇题为《纯天然的野菜居然会致癌？》的文章。一贯被认为有抗癌功效的蕨菜，被指含有致癌成分“原蕨苷”。文章称通过实验室动物喂养试验发现，蕨菜可使大鼠诱发胃癌、肠癌、乳腺癌、膀胱癌、白血病等；实验数据还揭示，这些致癌物质在蕨菜的根茎中含量最高。

研究发现，蕨菜中不但含有苯草酸、蕨内酰胺、黄碱醇类化合物、橡黄素类化合物，而且还含有原蕨苷（又称为欧蕨伊鲁苷）这种强致癌物质。这些致癌物质在蕨菜的根茎中含量最高，叶中次之。其中原蕨苷超过安全限值达到 37 倍，苯草酸超限 22 倍。实验室进行蕨菜致癌的动物喂养试验表明，蕨菜可使大鼠诱发胃癌、肠癌、乳腺癌、膀胱癌、白血病等。蕨菜是迄今发现的唯一一种具有致癌能力的食用植物。虽然说“蕨菜致癌”有明确的科学证据，但“致癌”的意思是“增加致癌风险”，而不是“吃了就会得癌症”。按照日本1970年代的流行病学调查结果，经常吃蕨菜让男性的食道癌风险增加了2.1倍，女性则是3.7倍，就增加的比例来说的确是很大，不过考虑到食道癌的正常发生风险也不高，增加两三倍也还是一个比较小的概率。而且风险大小跟摄入量有关，如果实在是喜欢它的味道，偶尔吃几次尝尝鲜，所带来的风险也小到可以忽略。可见，原蕨苷的毒性的确客观存在，长期大量食用蕨菜对身体有风险，但是吃了就“百分之百致癌”也言过其实。

四十六、花椒里的黄樟素会致癌是真的吗?

2018年10月初央视“生活圈”报道，有网友求助：“在网上查到花椒里有一种物质叫做黄樟素，吃了可以致癌，导致细胞诱变，是真的吗？”还有网友说，听说大料、小茴香、桂皮、生姜这些我们经常吃的调料里面也有黄樟素，太可怕了！

干花椒里面是含有很少量的黄樟素的，其实生姜、八角、茴香或者肉桂等天然的调味料里面都含有微量的黄樟素，对人体可以引起细胞的诱变，引发肝癌、食道癌甚至鼻咽癌。但是，因为调味料的用量非常少，人体摄入黄樟素的量微乎其微，不会对健康造成损害，更不会致癌。但是生姜一旦烂了，黄樟素就会急剧上升，吃了会有一定的风险。湿烂的生姜最好切掉别吃。

四十七、吃圣女果会致癌吗？

2014 年前后，网络开始流传一个说法，“圣女果是转基因产品，多吃致癌”。适逢当时转基因问题受到媒体和网民的高度关注，有关“圣女果致癌”的问题也在网络中大肆传播。

诸如圣女果这样的小番茄品种是原始品种类型。番茄是茄科植物，原产地是南美洲的安第斯山脉。大约在公元前 500 年，野生的樱桃番茄被当时中南美洲的阿兹特克人驯化。这种番茄如其名描述一样，果实很小。16 世纪初，欧洲人将番茄引进了欧洲大陆。当时人们认为番茄有毒，并将其命名为“狼桃”。后来，意大利人开始在菜肴中使用番茄，番茄才被真正当做一种蔬菜来推广种植。直到这时，番茄都还是袖珍型的。之后，更大更多的番茄果实成了育种的主要目标。经过不断的杂交选育，番茄的个头越来越大。所以，圣女果是较原始的番茄品种，甚至可以说是没有完全驯化的品种，这一点已经过 DNA 序列分析的确证。在最近的一些育种开发中，将口感风味俱佳的小个头樱桃番茄的优良性状通过常规杂交重新组合在一起，就得到了口感极佳的圣女果。所以，市场上销售的圣女果又称樱桃番茄，是在野生种的基础上，经人工选择培育而成的，与转基因无关。因此，圣女果不是转基因产品。

通过科学评价批准上市的转基因产品是安全的。为保障转基因产品安全，国际食品法典委员会、联合国粮农组织、世界卫生组织等制定了一系列转基因生物安全评价标准，成为全球公认的评价准则。依照这些评价准则，各国制定了相应的评价规范和标准。从科学研究上讲，众多国际专业机构对转基因产品的安全性已有权威结论。从生产和消费实践看，转基因作物商业化种植、消费20年来，至今未发现被证实的转基因食品安全事件。因此，经过科学家安全评价、政府严格审批的转基因产品是安全的。

四十八、空心菜是“毒王”么？

2017年5月，一条题为《“毒中之王”蔬菜竟是它！目前正大量上市，去毒方法要记牢！》的推文，被一些微信公众号转载。文章将空心菜、黄瓜、菜花、白菜、番茄列为“农残蔬菜黑榜”。在这条微信推文中，空心菜被列为农残蔬菜第一名，成了“毒王”。文章说，空心菜是吸收农药和重金属最厉害的蔬菜，重金属超标的空心菜可能对人体带来致命伤害；国外拿空心菜用于净化土壤，没人食用。还有网文分析说，空心菜不易长途运输，因此，一般只能种在城郊接合地区。这些地方一般都是污染重灾区，从这样的环境长出来的菜当然有问题。

任何一种蔬菜都不可避免地会被环境中的污染物污染，空心菜也不例外。一些研究发现空心菜对于铅等重金属有较强的富集能力。重金属富集能力强不一定意味着它所含的重金属就一定超标。也就是说，重金属含量高低、是否超标，还得看产地环境和生产过程，只要环境中重金属不超标，生产过程中使用的投入品重金属不超标，产品的安全就有保障，不必过分担心。总之，只要是规范生产种出来的空心菜，重金属或农药残留超标风险低，消费安全有保障。

净化环境和食用的空心菜完全是两码事。很多植物都有吸附重金属的能力，科学家也做了很多的探索研究。不过，这些研究大多还在实验阶段，距离实际应用还有很长一段路要走。一些西方国家的人也确实不怎么吃空心菜，这只是因为饮食习惯不同而已。而且，即使真的有用空心菜净化水源或者土壤的案例，那也不代表我们的空心菜就不能吃了。因为，用于食用的空心菜和用于净化环境的空心菜完全不一样，如果用于净化环境，说明这里的环境污染比较严重，根本就不允许上市销售。

标准化茶园

四十九、吃鱼腥草会致癌吗?

2014 年 5 月，一“网络意见领袖”在其博客上发表了一篇文章说，鱼腥草中含有的马兜铃内酰胺能对肾脏造成不可逆的损伤，并能导致上尿路上皮癌，有关“鱼腥草能不能吃”的讨论一度成为网络热门话题。

马兜铃酸的确有毒，这早有定论。国际癌症研究中心于 2008 年将其列为 1 类致癌物，并将马兜铃酸类物质的天然混合物列为 2A 类致癌物。鱼腥草不是马兜铃科植物，不含马兜铃酸，但含马兜铃内酰胺，这两者并不可等同。马兜铃内酰胺是马兜铃酸在体内的主要代谢产物，同时也在某些植物中存在。马兜铃内酰胺 -I 具有一定肾毒性和细胞生长抑制作用，鱼腥草中已发现含有马兜铃内酰胺 -BII、AII 和 FII 类，但未见含有马兜铃内酰胺 -I 的报道。而且，马兜铃内酰胺 -I 会对肾脏造成损伤，并不等同于致癌。马兜铃内酰胺在鱼腥草中含量很少。有研究数据表明，在晒干后的鱼腥草中提取马兜铃内酰胺，含量为 16mg/kg。日常食用的鱼腥草均为新鲜植物，含水分较多，1kg 新鲜鱼腥草所含的马兜铃内酰胺就更少。人们每次食用鱼腥草一般不会很多，吃进体内的马兜铃内酰胺可以忽略不计。此外，鱼腥草中包括马兜铃内酰胺 -BII 等部分生物碱还具有一定药理活性，对凝血酶诱导的血小板聚集产生显著的抑制作用，有益黄酮类物质的存在。因此，“鱼腥草致癌”的结论缺乏科学证据。

五十、春茶中含过量农药吗？

“春茶中含过量农药，一喝就中毒。而夏秋季的茶叶更是可怕，连茶农自己都不喝。”2017 年 2 月，不少微信公众号转发了题为“中国 98% 的茶都有农药残留，各大茶叶品牌纷纷躺枪”的文章。文中称，目前中国市面上的茶叶大都喷洒农药，因此“喝茶等于喝毒”。

春茶受病虫害危害小基本不用药。春茶一般指茶树越冬后第一轮萌发的芽叶，经采摘加工而成的茶叶。我国大部分茶区尤其是名优绿茶区，春茶生产期间因气温较低，病虫害基本不发生，因此基本不用农药。茶树的主要虫害如茶小绿叶蝉、茶尺蠖等在 6 月中下旬到 9 月份高发；而茶树常见病如茶轮斑病、茶云纹叶枯病、茶炭疽病等则会出现在夏秋潮湿多雨的季节，因这些病对茶叶的产量影响不大，茶农一般也很少用农药。现在市场上春茶价格比较高，除了口感好、营养物质丰富外，还较少受病虫害影响，基本上没有农药污染，特别是早期的春茶，更是一年中绿茶的佳品。

茶叶生产过程中，化学农药是病虫害防治最经济有效的措施，这些农药的使用，导致茶叶中农药残留；此外，茶园周边其他农作物使用农药，会间接导致茶叶农药残留。这些农药残留只要不超过标准限量，对人身体是没有危害的。通常，在 6 月中下旬到 9 月下旬，田间一些病虫害较为集中发生，有必要使用农药进行防治。只要使用的农药种类和用药量按技术规程操作，按照安全间隔期采摘的鲜叶，经加工制成的茶叶产品都是安全的。

五十一、喝普洱茶致癌是不是真的?

有关“喝普洱茶致癌”的说法最早出现于2010年前后，广州疾控中心的一项调查显示，抽取的70份普洱茶样品全部检出了黄曲霉毒素B1。2012年3月，新浪微博认证用户“人体工程学李××”在微博中提及，喝普洱茶最容易得癌症，茶里有大量的致癌物“黄曲霉毒素”。微博称，“幽门杆菌会造成胃癌，茶让幽门杆菌无法黏在胃壁上，且茶里面的苯丙氨酸会让人心情好，喝普洱茶是得癌症最快的方法，因为放了太久，里面有大量的黄曲霉毒素是致癌物！”2017年7月，《科学世界》杂志发表了《喝茶能防癌还是致癌？》一文，再度令普洱茶是否致癌问题成为朋友圈热点。“喝普洱茶致癌”的说法，遭到了茶叶领域多位权威专家的强烈反对。

普洱茶并不是黄曲霉菌的适生基质。每种生物都有它的适生环境。黄曲霉菌喜欢在含有一定脂肪和蛋白质含量的物质中生长和繁殖，并形成毒素。而普洱茶是一种脂肪和蛋白质含量很低的农产品。普洱茶鲜叶经晒干渥堆后要人工接种或自然接种金花菌，在这种情况下金花菌成为一种优势种，其他微生物很难在这种条件下生长繁殖。此外，茶叶中的茶多酚化合物对黄曲霉菌的生长和黄曲霉毒素的产生具有抑制作用，这已为许多中外科学家所证实。因此，普洱茶原料可以认为不是黄曲霉菌的适生基质。

普洱茶的生产工艺不适合产生黄曲霉毒素。普洱茶一般分为两种，一种称为普洱茶生茶，就是在地理标志产品保护范围内，将采摘的云南大叶种鲜叶经过晾晒，形成普洱茶生茶，有些压制成茶饼等不同形状，然后储藏存放，自然发酵几年甚至更长时间饮用；另一种称为熟茶，即将普洱茶生茶进行后发酵处理，形成了普洱茶熟茶特有的品质。从普洱茶的制作工艺和过程看，普洱茶由生茶变成熟茶，要经过好几年时间，在这个过程中，需要微生物菌群、酶、湿热、氧化等综合作用，从而构成普洱茶的香味。参与发酵的菌群均是有益菌群，没有黄曲霉菌。现代普洱茶的生产，会通过一种叫“渥堆”的方式，在保证普洱茶基本品质的前提下，缩短生产周期。所谓渥堆，就是一个固态发酵的过程，其中涉及的微生物种类较多，如今已经研究得很清楚，发酵前期以黑曲霉和根霉为主，后期出现了灰绿曲霉、青霉和酵母，这些菌种均对健康无害。黑曲霉是发酵过程中的主要优势菌种，约占微生物总数的80%。研究表明，当培养基中含有黑曲霉、溜曲霉时，产生黄曲霉毒素的黄曲霉菌的生长会受到抑制。此外，茶叶中含有的某些化合物如单宁、咖啡因等可以抑制黄曲霉毒素的产生。实验显示，当咖啡因含量为0.5毫克／毫升时可以抑制86%的黄曲霉毒素产生，当达到2毫克／毫升时则完全抑制黄曲霉毒素产生。假如普洱茶中检出了黄曲霉毒素，则有可能是普洱茶在流通等环节中由于条件不佳，导致产品沾染了黄曲霉，而温度和湿度又合适，沾染的黄曲霉乘机生长和繁殖，从而产生黄曲霉毒素。不过，这种流通中遇到的污染问题，是很多食品都会有的风险，需要加以防范和控制。

判断普洱茶中黄曲霉毒素对饮用者的安全问题的关键应该是饮茶时有多少黄曲霉毒素进入人体，即摄入量多少。饮茶时人们只喝茶汤，而茶叶并不摄入体内。因此人体通过饮茶摄入的黄曲霉毒素的量，需考虑茶叶中的黄曲霉毒素B1的残留量、黄曲霉毒素在水中的溶解度和消费者的饮茶量。黄曲霉毒素B1 基本不溶于水。文献报道它在水中的溶解度为100毫克/升。根据相似溶解度化合物估计，普洱茶中黄曲霉毒素的浸出率不会超过10%～15%。我国的普洱茶中黄曲霉毒素的检出率很低且浓度不高，可以说因普洱茶中黄曲霉毒素引发的致癌风险极低。我国饮用普洱茶已有上千年的历史，普洱茶消费较多的云南省未见有大比例肝癌发病率增加的报道，这是最可靠的流行病学调查结果。因此，关于普洱茶中的黄曲霉毒素对人体的安全问题尽可放心。

五十二、吃葵花籽致癌吗?

葵花籽致癌的消息，每隔一段时间就会在各类社交媒体上闹腾一回，甚至有说法称，葵花籽是致癌之首。得出以上结论的依据往往是因为，向日葵生长速度很快，容易吸收土壤中的重金属，如铅、镍、镉等。对于土壤而言，种植向日葵能够减轻重金属污染，是一种绝佳的绿化植物。但对于人类而言，摄入富含重金属的植物并在体内不断蓄积则足以致病，甚至致命。认为葵花籽致癌的另外一个原因是说其含油量高，且这些油脂大多属于不饱和脂肪酸，进食过多不但会消耗体内的胆碱，使体内脂肪代谢失调，脂肪积聚在肝脏，影响了肝细胞的正常功能，造成肝功能障碍，此外还可能引起结缔组织增生，甚至诱发肝组织坏死或肝硬化。

迄今没有相关研究证实葵花籽中所含任何成分有直接致癌作用。虽然向日葵生长速度很快，容易吸收土壤中的重金属，如铅、镍、镉等，但并不意味着葵花籽中重金属含量就高。从目前的研究结果来看，向日葵并不是最容易吸收重金属的。如果土壤本身已被重金属污染，不只是生长其上的葵花籽不能吃了，任何生长在其上的植物都会“带毒”。反之，如果没有污染问题，又符合国家标准，葵花籽是可以愉快地食用的。至于认为葵花籽含油量高，容易造成肝功能障碍，甚至诱发肝组织坏死或肝硬化，这一说法同样没有科学根据。科学家确实进行过实验，但实验结果仅仅说明了富含不饱和脂肪酸的油（葵花籽油）不适合用于煎炸而已！如果不连续煎炸食物，生成的有害物质其实并不多。摄入过多的不饱和脂肪酸的确是不健康的饮食方式，但是过多摄入任何一种营养物质都是不健康的，只有合理烹调、平衡饮食才最重要。

五十三、紫菜是塑料做的吗？

2017 年 2 月，一段质疑紫菜可能系塑料袋冒充的视频在网上热传。视频中，一名女士将某品牌紫菜放入水中泡发，随后捞起撕扯。泡发后的紫菜较有韧性，女子据此判定紫菜是黑色塑料袋做的。视频发出后几天，“紫菜是塑料做的，大家千万不要吃”这样的说法成了人们聊天的热门话题，网络中相继出现了一些不同版本的类似视频，相关产业受到严重冲击。

紫菜坚韧不容易撕开与泡紫菜的水温有关。紫菜的细胞中含有藻红素，使其在鲜活时呈现深浅不同的紫红色。但由于藻红素降解速度快，一般的紫菜在经过加工、储存和运输之后只剩下了绿色的叶绿素，使它呈现绿色，而如果加热过度或者储存时间过长，导致叶绿素也被分解，紫菜就会变成深褐色。可以根据紫菜的颜色来大致判断其新鲜程度，但据此判断是塑料袋则太荒谬。作为一种藻类，紫菜富含胶类等多糖物质，这使得它们在收割晾干后，表面变得光滑且富有韧性。胶类等多糖物质遇到水后，会与水分子结合，同时联合多糖分子，形成比较紧密的网络结构，就变得很坚韧，难以撕破，这就是紫菜的凝胶特性，其强度与水温有关。如果温度过高，结合能力弱，紫菜会变得松散，这就是我们平时在紫菜汤里看到的样子。因此，紫菜坚韧不容易撕开，与泡紫菜的水温有关，而并非是“塑料袋”的缘故。

不同紫菜品种的口感不一样，不同收割期的紫菜韧性有区别。紫菜的生长期为每年的 9 ～ 10 月到次年 3 ～ 4 月，一般半个月左右收割一次，行话说叫一水，往后叫二水、三水、四水等。一水口感较嫩，收割期越往后口感越老。紫菜出现嚼不动、咬不烂等情况，一方面可能是因为泡紫菜的水温度不够，另一方面可能是遇到了末水紫菜。不过即便是末水的坛紫菜，其韧性也远远低于黑色塑料袋，不可能发生混淆。塑料袋具有弹性，拉扯后会变薄变长，紫菜的弹性非常小，很难拉长。视频中的紫菜之所以很难撕动，除了浸泡水温低或时间短等原因外，也有极大可能是偏后收割的产品。

紫菜的气味与塑料完全不一样，而且塑料袋不吸水。紫菜的腥臭味是其本身的气味，主要与两种关键的气味物质有关，一个是1-辛烯-3-醇，它是水产品中常见的风味物质，在很多鱼和海藻中都含有，另一个是庚二烯醛，是构成鲫鱼特殊味道的主要成分。塑料的主要成分是聚氯乙烯，并含有大量的添加剂，带有浓重的化工材料气味。另外，塑料袋不吸水，浸水后表面会出现水珠。视频中的产品干时脆，遇水变软，不可能是塑料制作。

五十四、市售生菜真有人造的吗？

2015年元旦前后，微博和微信朋友圈里，流传着一组信息称“生菜造假”。消息的标题略有不同，诸如“太可怕啦！生菜都可以造假！还让人活吗”　“太恐怖了，生菜也能造假”“生菜都可以批量生产！一晚能制作一千蔸”“圆生菜的制作工艺！看完开始怀疑人生了”，甚至有的说“人与人最基本的信任都没了”，有人在转发时备注“朋友圈曝光此事，多一份转发，让朋友少受一份毒害”。这些被疯狂转发的文章，虽说标题各异，但其内容却一致，都是以9张动态图记录了用白色和绿色两种液体放入水中制成“圆生菜”的过程。

调查发现，朋友圈和微博流传的9张动态图，来自一段日本的视频，是日本的仿真食品工厂制作模型的过程，用的是一种高分子化学材料，制作的圆生菜也不是用来吃的。据了解，在日本有很多这样的食品公司，人们可以体验制作生菜等食品模型。食品模型是起源于日本比较发达的食物立体表现手段，多用于店前展示及产品的配套展示，具有较强的唤起食欲的效果。虽说“食品模型”目前在国内还是个比较新的概念，但在很多餐饮经营处还是可以经常看到的，有的做成刀削面，有的做成茄子炒豆角，还有的做成木须肉等等，这种模型的造价不会比真正的生菜等食品便宜的，而且以人类发展到今天的智商，也不会吃这种“生菜”等“食品”的。

五十五、白米饭是垃圾食品之王吗？

2010年3月初，一篇题为《白米饭，垃圾食品之王！》的博客文章被转帖在某社区，不少健康网站还进行了转载。其中一些观点让人惊讶，比如“一碗白米饭就是一碗糖”“白米饭是垃圾食品之王”等等，引起一些人的担忧。

把白米饭视为垃圾食品未免太耸人听闻了。白米饭提供人体必需的碳水化合物，另还含有蛋白质、维生素、矿物质等营养物质。虽然米饭中蛋白质质量的确不如鱼肉蛋奶，但大米蛋白质与其他来源的蛋白质混合食用后，可以提高整体蛋白质营养价值。另外，白米饭（精制谷物）中还含有少量维生素（主要是维生素 B 族）、矿物质（如钾、钙等）、膳食纤维等，白糖则完全没有。据研究，大米成分中大约 75% 为糖（淀粉），余下的 25% 包含有蛋白质、脂类、维生素 B1、维生素 B2、钙、铁、锌和食物纤维。由于人的大脑唯一的能源是由碳水化合物转化而来的葡萄糖，因此每个人每天都必须进食碳水化合物的食物，光补充蛋白质或脂肪类食物无法提供大脑所需能量，也无法维持人脑的各项机能。高血压、糖尿病等疾病不是吃米饭吃出来的，主要还是由于营养过剩、营养失衡、运动不足等原因造成糖代谢功能失调，是遗传和外部环境两个因素交织作用的结果。吃白米饭不会吃成糖尿病，但糖尿病患者的确应注意少吃精制谷物。对于糖尿病患者来说，由于白米饭的主要成分是淀粉，淀粉消化吸收后升高血糖的反应很快，不利于糖尿病患者的血糖控制，因此，糖尿病患者应该少吃白米饭（精制谷物），代之以粗粮（杂粮、杂豆、全谷）。

五十六、中国人煮饭方式会致米饭砷残留偏高吗?

2017 年 2 月，英国广播公司网站引述其电视节目《相信我，我是医生》称，大米中的砷含量比其他谷物类高 10 ～ 20 倍，主要原因是稻米普遍于水田中种植，使砷容易进入大米。在 BBC 电视节目《相信我，我是医生》中，马哈尔格教授比较了三种不同的煮饭方法后发现，大米未经浸泡直接煮熟，米饭中的砷残留物最多，而这就是中国人最常用的煮饭方法。该报道被国内一些媒体转载后，一些微信公众号便添油加醋、借此大做文章，把标题改成了“惊人！惯用的煮米饭方法，让你吃进了最多的砒霜？”或“实验证明，中国人最常用的煮饭方式，居然砷残留物最多”。此类消息的传播，引发国内消费者恐慌。

据研究，有机砷毒性很小，无机砷则有剧毒，摄入过量，会增加患癌症、心脏疾病等风险。水稻吸收砷的能力比其他农产品都强，砷污染的地下水或地表水灌溉也会导致水稻砷含量较高，如果水稻种植在一些有化工污染的地带，确实会增加大米的砷含量。在 BBC 的这篇报道中，马哈尔格教授并未提到说“中国人惯用的煮米饭方法会吃进更多的砷”，也没有给出大米中砷含量的数据，以及是否超标的说法，只是进行了相对比较。

我国制定了食品无机砷的限量标准，是目前全世界最严格、最全面的食品中无机砷的限量标准。我国对大米中砷的控制走在世界前列，大米无机砷限量国际标准就是由我国牵头制订的。就近几年相关的调查研究结果看，我国市场上还没遇到过大米砷含量超标的案例，我国的大米质量是安全的。

五十七、“面条掺胶”是不是真的?

2017 年初，一条“面条被水洗后还剩下少许不溶于水的物质”的视频在网络上突然火了，该网友还在视频中表示，现在好多面条都加了“胶”，没法吃了。一时之间，面条成了有毒食品的说法甚嚣尘上。另一段类似视频则显示，一般煮过面条之后会出现的黏糊糊、煮不烂的东西，认为“面条里的胶煮不烂是因为加了塑化剂”。此外，还有网友质疑自家买来的面条可以被拉得又细又长，怀疑里面掺入了胶水。

面粉及其制品中不溶于水的物质是面筋。面粉及其制品在用水洗时淀粉和水溶性成分就会离开，剩下具有黏性、延伸性且不溶于水的物质，即面筋。面筋是一种植物蛋白质，由麦胶蛋白质和麦谷蛋白质组成，是面粉中的正常营养成分，可以为人体提供必需的氨基酸。小麦面粉的等级越高，要求的面筋含量也越高。面筋蛋白是面条的骨架，其含量和结构的细微差异赋予面粉不同的加工性能，所以不同加工用途的面粉经水洗后，剩下的面筋的含量是不一样的。

在挂面、粉丝、米粉制作中会添加一种名为“海藻胶”的添加剂，可改善制品组织的黏结性，减少断头率。特别是对面筋含量较低的面粉，效果更为明显。“海藻胶”是一种天然食品添加剂，合理使用是被允许的。而网传视频中，市民指责面条生产商加入的“胶”，显然是指胶水之类的非法添加剂。

面条能拉多长、筋道与否，主要取决于面粉、鸡蛋和水等原料的比例，如果搭配得好，拉出来的面自然可以又细又长；其次，与面点师傅的力道也有关，经过反复揉搓，让“面筋”出来，面条自然口感“Q弹”。这两点都与掺胶毫无关系。

五十八、喝豆浆会致癌么?

网络中有关饮用豆浆会致癌的传言最早出现于2009年前后。多年来，相关问题一直在微信、微博等渠道中反复出现。内容大致是，豆制品中含有大量植物雌激素（以大豆异黄酮为主），未能吸收的植物雌激素会在人体内积聚，造成人体内雌激素偏高，提高乳腺癌患病概率。

植物雌激素的功能不同于人类雌激素。植物雌激素是一类天然存在于植物中的非甾体类化合物，因为生物活性类似于雌激素而得名，大豆中的大豆异黄酮就属于其中之一。植物雌激素在食物中的分布广泛，扁豆和谷物中的木酚素、黄豆芽中的香豆素，都是植物雌激素。一提雌激素，许多人就心怀顾虑，因为过高水平的雌激素有引起乳腺癌、子宫内膜癌、子宫肌瘤、子宫出血的危险。但植物雌激素和人的雌激素是不一样的。研究发现，植物雌激素对女性体内雌激素水平起到的是双向调节作用。植物雌激素具有与雌激素相似的分子结构，可以和雌激素受体结合，产生与雌激素类似的作用，但是这个作用比人体内的雌激素要小。当人体内雌激素不足的时候，它的结合可以起到补充雌激素的作用；而当体内雌激素水平过高时，它的结合又因为阻止了雌激素的结合，而起到抑制的作用，相当于降低了雌激素的水平。因此，植物雌激素又被称为女性雌激素水平的调节器。

制作豆浆的原材料一般是大豆。和流言所述的相反，大量研究都证实，适量食用豆浆等豆制品不但不会因此患上乳腺癌，反而可以降低乳腺癌发生风险，可缓解女性更年期综合征，有效降低骨质疏松，还能起到预防女性经期综合征和心血管疾病的作用。

香猪

猪场消毒

第五章 农产品质量安全热点问题解析
——养殖业农产品篇

一、“非洲猪瘟”爆发期间市场上的猪肉能吃吗？

2018 年 8 月初，经中国动物卫生与流行病学中心诊断，沈阳市沈北新区沈北街道（新城子）五五社区发生疑似非洲猪瘟疫情。之后，全国各地陆续报道发生非洲猪瘟疫情。围绕非洲猪瘟爆发期间猪肉是否能安全食用的话题，公众有不少担忧，各种媒介中也有不少的谣言、传言。

非洲猪瘟是由非洲猪瘟病毒引起的家猪、野猪的一种急性、热性、高度接触性动物传染病，所有品种和年龄的猪均可感染，发病率和死亡率最高可达 100%。非洲猪瘟病毒的唯一宿主是猪，也就是说，病毒只能在猪（包括野猪）之间传播。非洲猪瘟不是人畜共患传染病，对人不致病，该病毒不会感染人，对人没有健康方面的影响。非洲猪瘟发现近 100 年来，全球范围内没有发生过人感染非洲猪瘟的情况。研究表明高温可杀灭非洲猪瘟病毒，70℃持续加热20分钟即可灭活。目前市场上销售的熟制、半熟制的猪肉制品，其加工条件均可使该病毒失活。而家庭烹饪鲜（冻）猪肉时，其温度往往在90～100℃，病毒更加容易失去活性。而我们食用猪肉的习俗，都是煮熟之后再食用，几乎没有人吃生猪肉，故而猪肉的饮食十分安全。

非洲猪瘟对生猪生产危害重大。健康猪与患病猪或污染物直接接触是非洲猪瘟最主要的传播途径，猪被带毒的蜱等媒介昆虫叮咬也存在感染非洲猪瘟的可能性。目前世界各地均没有研发出有效治疗这种瘟疫的办法，防疫和控制的主要措施是切断传播途径。一旦发现感染病例，最好的控制手段就是在第一时间进行扑杀，进一步做好感染区和非感染区之间的隔离措施，从而尽可能在前期控制住疫情的扩散。因此，为了更好地控制疫情的蔓延，所有得病的猪就需全部被扑杀。

二、食用含有瘦肉精的猪肉对人体有害吗？

2011年3月中旬，央视《每周质量报告》播出了3·15特别节目《“健美猪”真相》。报道称，河南孟州等地养猪场采用违禁动物药品“瘦肉精”饲养生猪，有毒猪肉流入双汇食品有限公司。该事件曝光后，各地超市的双汇产品纷纷下架，引起公众对猪肉质量安全的高度关注。

“瘦肉精”是β－肾上腺素受体激动剂类药物的统称，包括盐酸克伦特罗、莱克多巴胺、沙丁胺醇、西马特罗等，能够促进动物生长，改变脂肪在体内的分配率，提高瘦肉率，但食用含有瘦肉精的猪肉对人体有害。近年来，部分养殖户为了增加瘦肉率，将瘦肉精作为饲料添加剂违法使用，然而瘦肉精在畜禽体内的残留，可能引起食物中毒。对高血压、心脏病、甲亢和前列腺肥大等疾病患者危害更大。因此，世界各国相继禁止在食用动物饲养过程中使用瘦肉精。我国也明令禁止在饲料和动物饮用水中使用盐酸克伦特罗、莱克多巴胺、沙丁胺醇等多种 β－肾上腺素受体激动剂。由于西方国家一般不消费动物内脏（内脏特别是肝脏会残留瘦肉精），因而，在美国、加拿大、新西兰等国，瘦肉精这类物质的使用是合法的。

三、“吃猪肉等于自杀”是不是真的？

2012 年前后，一篇名为“农妇警告：在中国吃猪肉等于自杀”的陈年旧帖又在网上流传。网文称，十几斤重的小猪使用含有大量激素、安眠药、高铜、砷等药物的添加剂催肥催长，养五六个月就出栏了。长期食用这些猪肉，会诱发各种不适症状甚至癌症。传言引发了不少网友担忧。

生猪五六个月出栏是正常的。从经济效益出发，生猪达到100千克左右就该出栏了，因为此时生猪的日增重最多，耗料最省。生猪生长快、育肥周期短的主要原因是“三好”，猪好、料好、圈好，即生猪品种好、饲料营养安全、养殖环境改善。我国商品猪生产主要是杜洛克、长白和大白猪三元杂交生产体系，猪从出生至 100 千克上市养殖周期为 150 ～ 180 天。利用地方品种进行杂交生产时间相对较长，平均生产周期为180～200天。

网文中提到的各类添加化合物分为两类。其中，苯巴比妥属于镇静催眠、抗惊厥类药物，是国家明令禁止在饲料中添加的物质；尿素、砷制剂和铜属于允许在饲料中添加的物质，但都有相应的限制性规定，不得随意使用。通过添加安眠药让猪多睡少动、快速长肥是没有必要的，因为圈养的生猪本身活动量就很少，不需要使用镇静剂。尿素有毒，猪吃多了可能会造成死亡，更谈不上增肥了。尿素是高氮化肥，若少量用于牛、羊等反刍动物是有作用的，可以被反刍动物瘤胃微生物所分泌的脲酶分解，被合成蛋白质从而被吸收消化。而猪根本没有瘤胃，尿素中的氮就难以利用，用量过大甚至会造成生猪中毒死亡。对于添加铜的作用，饲料中只有适量地添加铜才能促进猪的生长。允许适量添加的具体标准为每1000千克饲料中铜制剂添加量不能超过200克。传言说“在猪饲料中加入无机砷，猪会显得皮肤红润、毛发光亮”，这种说法犯了常识性的错误。饲料中加入的是有机砷，而不是无机砷。有机砷对于提高饲料利用率、增强抗病能力有着明显作用，美国等很多国家也批准其作为饲料添加剂。有机砷大部分会从粪便排出，在生猪的机体组织中残留极低。而无机砷是剧毒物质，俗称砒霜，对生猪等动物的危害性很大，不允许在饲料中添加。

猪饲料添加剂的合理使用对人体无害。过去养猪主要靠农作物及其副产品作为单一饲料，如今已经被加入一定比例添加剂的工业饲料所替代。饲料添加剂包括营养性添加剂、一般添加剂和药物添加剂三大类。传统的单一饲料只能解决生猪的“吃饱”问题，而营养性添加剂主要是饲料级的氨基酸、维生素，是为了解决生猪“吃好”的问题。在饲料中添加适量药物添加剂，可以有效防控生猪的常见性、多发性疾病，通过在饲养阶段执行停药期，能够将猪肉中的药残量控制在对人体无害的范围内；在饲料中加入抗氧化、防腐的一般添加剂，大多与食品行业的添加物质通用，无论对于生猪生长还是对于猪肉品质，都没有危害。一般来说，饲料添加剂在饲料中的比重不会超过4%，网文中说“100斤粮食拌几十斤添加剂”纯属无稽之谈。

四、猪肉中有钩虫吗？

2013年以来，网络环境中频繁出现一些有关“猪肉钩虫”的爆料。这些爆料的措辞类似，皆称在猪肉中发现白色带状物，是“水煮不烂、油炸不熟、高温杀不死”的“钩虫”，还上传有“猪肉钩虫”的相关图片，引起不少民众的议论和担忧，先后波及贵州、上海、河北、四川、广西、广东、辽宁等多地。这些爆料的内容完全一样，只是地域不同而已，分别将“上海市场”改成“江苏市场”“哈尔滨市场”“海伦市场”等，波及地区的市民纷纷谈肉色变，不敢购买猪肉，对养殖业造成严重的影响。

钩虫病是线虫病的一种，在猪常见寄生虫中，钩虫只寄生在猪的肠道内，无法到达肌肉组织，而且在肌肉组织中无法存活，更不可能看到活的虫体。所以，猪肉中没有所谓的“钩虫”。可以感染猪的寄生虫病有20多种，其中虫体可在猪的肌肉组织中寄生的只有两种病，一种是猪囊尾蚴病，另一种是旋毛虫病。猪囊尾蚴病和旋毛虫病均属于人畜共患的寄生虫病，二者都是猪屠宰加工过程中卫生检验的必检项目，在生猪屠宰加工的流水线上专门设置有这2种寄生虫病的检验点。因此，经过正规肉联厂屠宰加工的猪肉中是不会有寄生虫的。一般情况下，寄生虫在100℃的水中煮5分钟就会死亡；而当温度降至冷冻温度，即-18℃时，连抵抗力最强的旋毛虫也会冻死。从生物学的角度，到目前为止，除了引起疯牛病的病原——朊病毒以外，所有感染畜禽的寄生虫及微生物（包括细菌、真菌、支原体、病毒等）均可在高温处理后被灭活。

从网络图片看，猪肉上出现线状物的长短及结构与钩虫真实的虫体长短和结构特征不符。图片中显示的甚至都不可能是寄生虫，因为寄生虫起码是有头部结构的，而图中的肉状物只有一个单一的生理组织结构，所以很有可能就是一节血管。其实网上流传的“猪肉钩虫”的相关图片，大多都是猪肉中的血管、淋巴管、神经纤维、肌腱或筋膜等结构。网上所说的“钩虫”“水煮不烂、油炸不熟、高温杀不死”是因为它们本身并不是虫子，也没有生命，而是肌腱等致密结缔组织，一般的烹饪方法很难煮烂。

五、猪肉为什么会发蓝光?

2016年1月初《重庆晨报》报道，重庆歌乐山镇一居民从镇上的农贸市场买了几十斤猪肉回家腌制，次日凌晨发现猪肉竟发蓝光！“黑暗中，这哪是一桶猪肉，简直就是一桶萤火虫。”随后他把这些猪肉进行了多次冲洗，但仍然能够发光，且冲洗过的猪肉，发出的蓝光更蓝。这一奇怪的现象吓坏了不少人。

蓝光猪肉又称荧光猪肉或者发光猪肉，指在晚上会隐隐发出荧光的猪肉。研究证实，猪肉之所以夜间会发出荧光，是生猪屠宰后被发光杆菌污染所致。这种发光杆菌为革兰氏阴性球杆菌，适宜在低温环境下生长，肉在气温低的环境里放置一两天后，发光杆菌就会使肉发出“荧光”。发光杆菌在自然界广泛存在，但绝大部分存在于含有盐分的海产品当中。此种发光杆菌属低温菌，发光蛋白本身无毒性，农业部已经公布的动物传染病一、二、三类名目中均未列入此类发光杆菌。目前，我国尚未发现有关发光杆菌对人体造成危害的报道，临床上也尚未出现因食用发光畜肉、鱼肉导致发病的案例。这种阴森的发光蛋白本身对人体无害，发光杆菌加热到70℃也可以很快被杀死。但是，由于发光杆菌原本就是环境中的杂菌，它的出现也暗示着猪肉可能在储存或者运输过程中沾染了细菌，而这些未知细菌存在多大的风险很难确定。所以，发现猪肉出现了荧光，最好还是不要食用。

六、食用红肉会致癌么？

2015 年 10 月，英国《每日邮报》发布消息称，来自

10 个国家的科学家评估各种已有证据后同意将加工肉制品归入“致癌物”，使其与石棉、香烟、砒霜“为伍”。同年 10 月 26 日，世界卫生组织下属的国际癌症研究机构评估了红肉（牛、羊、猪等哺乳动物的肉）和加工肉制品（火腿、香肠、肉干等）的致癌性，正式发布结论认为食用红肉可能致癌，因此将之列为“致癌可能性较高”的食物，列入第二级 A 类致癌因素，同时将加工肉制品列入第一级致癌因素。世界卫生组织将加工肉制品的致癌风险直接等同于砒霜等“毒物”的消息，引发了全球性的关注和热议。

“增加患癌概率”并不意味着食用加工肉制品与患癌之间存在必然的因果关系。一类致癌物并非是指它就是非常强的致癌物质。这种分类方法是根据致癌的明确性和可能性来分类，而不是以致癌的强度来定义的。加工肉制品中含有致癌物质，并不代表食用这种食物一定会患癌，要看是什么吃法。如果摄入量不多，身体的代谢机能会把相关的有害物质代谢掉，所以并不会因为吃些许加工肉制品就会得癌症。培根、火腿等加工肉制品在烧烤过程中会产生苯并芘，腌制过程中会产生亚硝酸盐，保存过程中会加入防腐剂等食品添加剂，这些都是明确的致癌物。究竟是红肉食材本身致癌还是烹饪过程中产生致癌物还存在争议，不同的流行病学调查可能得出不同的具体数据，不同的个体也存在不同的致癌概率，食用红肉与致癌并无因果关系。肉制品被列为致癌物，红肉被列为“非常可能的致癌物”，并无科学依据，属于危言耸听。癌症是一种并非由某种单一食物引发的复杂疾病，而平衡的饮食和健康的生活方式对健康至关重要。

七、畜禽感染炭疽杆菌不能吃了吗？

2013 年前后，网上流传一份“紧急通知”称 “暂时别吃猪肉、鸡肉、鸭肉或肉制品，因辽宁到杭州 5570 头家禽感染了炭疽杆菌。杭州刚开完紧急会议，请尽量多通知亲朋好友！”随后，杭州、苏州、海口等城市也数次传出畜禽感染炭疽杆菌，所称被感染禽畜的数量，一会儿是5570 头，一会儿是 570 头。这些传言都没有任何事实根据。

猪、鸡、鸭一般不会感染炭疽杆菌。草食动物最易感炭疽杆菌，如绵羊、山羊、牛等；骆驼和水牛以及野生草食动物次之；猪的易感性较低；犬、猫、狐狸等肉食动物很少感染发病；家禽一般也不会感染炭疽。秋冬并不是炭疽疫情的高发季。炭疽疫情通常发生于春夏，主要是草食动物在被污染的牧场上摄食含炭疽杆菌芽孢的饲料、饮水而发生。

皮肤炭疽传染家禽非常罕见，很容易治愈。皮肤炭疽传染病属于人畜共患病，传染源主要为患病的食草动物，如牛、马等，传染家禽的情况非常罕见。人通常是通过接触患病动物或动物制品被感染。大多数情况下，总是牛、马、羊等食草动物在吃草时摄入炭疽芽孢引起感染，人类接触了感染牲畜的肉类、毛皮，或患病牲畜排出的血液和其他排出物所污染的物品后，才获得感染。事实上，相比于新兴的禽流感，炭疽这种古老的疾病，并非难以治愈。除非病情已经进入晚期，出现全身出血症状，皮肤炭疽的一般病情只需使用抗生素，并做简单的创面处理即可。只要早发现、早诊治，治愈率很高，一般不留后遗症。

八、食用“速生鸡”有碍人体健康吗？

2012 年 11 月下旬，媒体报道了“雏鸡到成品鸡只需要 45 天，高温封闭饲养，饲料由为肯德基、麦当劳以及诸多大型超市提供原料的山西粟海集团有限公司特制统一配送”“肉鸡用饲料和药喂养，饲料能毒死苍蝇”等，“速成鸡”安全问题迅即引起网民对家禽类产品使用激素、抗生素问题的担忧。

鸡长得快有三大原因，即育种、饲料和环境条件。我国的白羽肉鸡全是从国外引进，是育种专家经过上百年选育的成果。养殖业讲究料肉比，据测算，42 ～ 45 天出栏，料肉比是最高的，大约在 1.7 ∶ 1 或 1.8 ∶ 1。媒体报道的“大肉食鸡”就是白羽鸡，其特点就是生长快，可见“速生”十分正常，并非那么可怕。

养殖环境和饲养条件好也是鸡长得快的原因之一。现在肉食鸡的生长环境是传统养殖方式无法比拟的。从出壳到出栏，鸡都有严格的环境要求。大型企业皆有温度湿度控制装置，自动通风、自动给水、自动上料、自动清粪，有害气体浓度一超标立即通风。饲养条件好了，鸡也就长得快。

消费者对肉食鸡的质疑，也反映在饲料上，是不是饲料中添加了不该添加的东西？规模化大型养殖场所用饲料均是全价配方饲料，也是品牌饲料，是经过国家检测合格的。目前大型企业所用饲料分1号料、2号料和3号料，是根据肉鸡生长规律设计配制的饲料。小鸡一出生先喂吸收利用

梨园林下养鸡

率高的1号料，便于消化，与婴幼儿吃配方奶粉是一个道理；14天是鸡全面长骨骼肌肉的时期，这时再喂2号料，蛋白质和能量比前期略微低一点，这个时期为了降低饲料成本，花生粕、豆饼都用；35天以后，是脂肪累积阶段，喂3号料，以油脂为主，豆粕少一点。

消费者对肉食鸡质疑的另一个问题是用药问题。只要是规范化、经农业部门认可的养鸡场，都是规范用药。至

于说到速成鸡不如笨鸡好吃，那是口味问题，与产品质量没多大关系。

九、18元一只的市售烤鸭能吃吗?

2018年7月下旬，有媒体报道，在其记者暗访中看到，合肥市一家菜场的烤鸭摊点挂着刚刚出炉的烤鸭，个个油光发亮，18元一只的价格非常亲民。对于低价烤鸭出处，有商户说是用了价格低廉的冷冻鸭。一只大约有2斤半重的冷冻鸭却仅需不到10元的价格，每斤烤鸭价格3元左右。随后记者探访无毛鸭，发现惊人内幕！养殖户说，养鸭仅需30天左右，不让鸭子毛长全即可出售，而且，自己也从来不吃自己养的那些鸭子。在养鸭过程中，为了跟上鸭子的生长速度，会给鸭子药补。近年来关于“一只烤鸭只卖18元”一直在各媒体上炒作。

媒体报道的18元一只烤鸭是为了满足大众快餐式消费方式而生产的肉鸭产品。这类肉鸭产品多为樱桃谷鸭，饲养周期一般在30～32天。肉鸭肉质良好，从养殖、屠宰加工、烤制到销售，各生产环节安全可靠，不必大惊小怪。

十、土鸡蛋和笼养鸡的鸡蛋有什么区别?

2019年央视3·15晚会报道，销售人员在推销时，最喜欢拿蛋黄颜色来宣传，说普通鸡蛋颜色浅，土鸡蛋颜色深。但你可能不知道，价格比普通散装鸡蛋高出1倍的土鸡蛋，很多是“化妆”出来的！记者了解到，在湖北莲田、河北邯郸等地，有的公司在饲料中添加一种特殊的添加剂斑蝥黄，吃了这种饲料的鸡下的鸡蛋蛋黄颜色会更深，标称是土鸡蛋、笨鸡蛋；还有的公司在商标注册时搞手段，“鲜土”牌鸡蛋变成“ 鲜土鸡蛋 ”，“好土”牌鸡蛋变成“好土鸡蛋”，其实就是普通鸡蛋，价格翻了 2 ～ 3 倍。

“斑蝥黄”又叫角黄素，是一种天然存在于甲壳、鱼类、藻类等生物体内的类胡萝卜素，可让蛋黄颜色更鲜红，让动物肉的色泽更红润，主要用于饲料的添加。用斑蝥黄喂动物是国际通行的做法。在农业部发布的第 2045 号《饲料添加剂品种目录（2013）》中，斑蝥黄是可以作为着色剂在家禽饲料中添加使用的。只要在适当范围内，不会影响人体健康。

土鸡蛋又叫柴鸡蛋，是指散养土鸡下的蛋。目前市面上常见的柴鸡蛋，通常是将产蛋鸡放养，让它们在树林、田地里自由活动，和土鸡一样吃一些天然食物，同时再喂一定量的饲料后产下的鸡蛋。而普通鸡蛋，则是笼养鸡下的蛋，它们只吃饲料，鸡蛋价格相对便宜。但从营养角度看，柴鸡蛋和普通鸡蛋营养价值差别并不大。普通鸡蛋中很多营养指标如蛋白质、铁、钙、镁等矿物质元素的含量都可能高于柴鸡蛋，而柴鸡蛋中维生素 E、不饱和脂肪酸以及脂肪含量比普通鸡蛋高，但维生素 A 和 B 族维生素的含量可能不如普通鸡蛋。因此，柴鸡蛋和普通鸡蛋在一些营养成分含量上各有千秋，很难说孰优孰劣，不要被商家误导。从安全性来说，由于土鸡散养环境存在不确定性，它受环境污染和感染病菌的风险反而较大，土鸡蛋也并非更安全。

蛋黄颜色主要来自于产蛋鸡饲料中的叶黄素和玉米黄素等，这些叶黄素一般是以游离态的形式被产蛋鸡吸收，它们被肠道吸收后保持原来的分子结构和颜色，沉积在蛋黄中从而使鸡蛋蛋黄表现出鲜艳的黄色。因此，蛋黄颜色是与其含有的各种色素有关，与营养价值并无直接关系。蛋黄颜色越红，也不是营养价值越高。蛋黄中的色素主要是一些类胡萝卜素，叶黄素、玉米黄是最常见的两种。不过，鸡自己并不能生产类胡萝卜素，它们其实是来自平时吃的食物。由于黄色较深的鸡蛋更符合人们的需求，饲养者通常会额外在饲料中添加叶黄素，使鸡蛋黄“品相”更好一些。

十一、“兽用抗生素导致儿童肥胖”是不是真的?

2015 年 4 月，媒体报道上海复旦大学公共卫生学院的一份有关“江浙沪儿童普遍暴露于多种抗生素”的研究报告，针对江苏、浙江、上海 1000 多名 8 ～ 11 岁的在校儿童尿液进行检验，结果显示近六成儿童尿液中检出抗生素。如果这些成分长期存在于体内，将对儿童的生长发育造成不良影响。据此报告，兽用抗生素或主要用于动物的抗生素暴露，与儿童超重或肥胖有明显的联系。这也表明，主要来自食品的抗生素暴露与儿童肥胖发生风险之间正向关联。这一研究成果经媒体报道后引起了网民对我国兽用抗生素残留问题的担忧。

肉牛养殖场

儿童肥胖与生活习惯、饮食、遗传等因素有关。在临床实践中接触到的肥胖或性早熟儿童，成因多与体内肿瘤等疾病有关，由饮食中抗生素引起的案例很少。一般而言，儿童肥胖与生活习惯、饮食、遗传、家庭经济条件等因素有关。目前没有任何确凿的证据证明儿童肥胖的产生是因动物产品中抗生素残留所致。

我国批准作为兽药使用的抗菌药，在上市前均要履行严格的审批手续，必须完成相关的药学、安全性和药效试验，并经过严格评价和审查后，方予批准生产、使用。养殖业使用抗生素，减少了人类感染人畜共患病的概率，保证了食品安全和人类健康。任何危害与剂量之间都存在相互关系，离开剂量就无从谈起。有些人认为只要动物源性食品中检出抗生素残留，就是不安全的，这是一种误解。

抗生素残留量只有达到一定程度，即超过规定的安全限量，才会对人体健康产生危害。在养殖过程中规范使用兽用抗生素，动物产品不会出现抗生素残留超标情况。

十二、喝牛奶会致癌么?

2010年前后，国外有科学家研究认为，大量饮用牛奶会增加人体中类胰岛素1号增长因子（IGF-1）的水平。“几乎每一种癌症都与IGF-1有关系，这是一种促进癌细胞生长和增殖的关键因子，并且酪蛋白占据牛奶蛋白组成的87%，这种蛋白质促进各阶段癌症。”该研究结论成为国内诱发此类传言的源头，引起消费者的恐慌。

IGF-1的全称是“类胰岛素1号增长因子”，也被称为“促生长因子”，它不是外源添加的，而是人类和奶牛自身合成分泌的一种激素样蛋白质，它在婴儿的生长发育、成人体内血糖控制及持续进行合成代谢作用上具有重要意义。一些流行病学的调查显示，IGF-1似乎与前列腺癌等癌症有一定关系。但美国食品药品监督局（FDA）、世界卫生组织和联合国粮农组织的食品添加剂联合专家委员会（JECFA）等权威部门的风险评估结果表明，IGF-1与癌症的关系只是一种多因素的相关性，迄今为止并没有直接证据说明IGF-1是致癌的原因，牛奶及其制品在研究摄入范围内与前列腺癌的发病风险无关，全脂奶及其制品与乳腺癌发病风险也没有相关性，低脂奶及其制品摄入可降低乳腺癌的发病风险。

牛奶中酪蛋白致癌的说法最早来源于美国康奈尔大学

奶牛养殖

教授柯林·坎贝尔的一项“大鼠实验”。这个实验在给大鼠吃含有致癌物黄曲霉素的饲料同时，分别喂食大豆蛋白或酪蛋白，结果吃酪蛋白的大鼠发生肝癌的数量较吃大豆蛋白的大鼠多。不过，该实验其实存在很多问题，而且实验结果在传播过程中经过多次演绎，忽略了实验中黄曲霉素这一关键点，仅断章取义地选了酪蛋白。黄曲霉素本来就是强致癌物质，无法得出酪蛋白致癌的结论。

喝牛奶不会导致蛋白质过量。根据中国营养学会2013年公布的我国居民对蛋白质摄入的推荐量，成年男性每天约需摄入蛋白质65克，成年女性为55克。按这个标准，即使每天饮上两杯牛奶（500毫升），从牛奶中所摄入到的蛋白质也只有15克，远远未达到推荐量的要求，担心喝牛奶导致蛋白质过量完全是杞人忧天。而且，蛋白质的来源有很多种食物，牛奶蛋白是优质蛋白。如果担心蛋白质过量，建议从整体膳食上进行控制，如减少红肉摄入等。

十三、奶牛产奶要靠激素吗？

多年来，网络中一直有一种传言称，奶牛一直产奶只有一个原因，就是要不停地怀孕生小牛，但并不是所有奶牛在任何时候都能怀上孕，现代农场的解决方法是给奶牛打高剂量的荷尔蒙，让其不自然泌乳。自“奶牛产奶靠激素”出现以来，各大媒体进行了大量的辟谣。

奶牛是经过长期人工选育，并用于产奶的专门品种。胎次对奶牛产奶量影响较大，但对牛奶营养成分影响不大。一般情况下，奶牛初产头胎产奶量并不高，第2胎后逐步提升，经过4～5胎后，产奶量就会下降。从饲养成本等方面来考虑，高龄奶牛基本要淘汰。饲料占据了较大的饲养成本，许多规模化奶牛场为保证产奶量和经营效益，每年都要及时调整牛群结构，对5胎以后的高龄奶牛要进行淘汰，同时补充后备牛或购买高产奶牛。

科学研究表明，雌性激素只是作为治疗不孕症的辅助药物，添加雌激素会抑制奶牛催产素的分泌，不能提高产奶量，反而增加养殖成本，特别是在妊娠期使用还会诱发流产，实际生产中不存在使用激素类药物增加产奶量的情况。

有机渔场

十四、食用鱼浮灵保活的鱼会致癌吗?

2012年开始，网上流传文章称“太活跃的鱼千万别买，可能含致癌鱼浮灵”。传言指鱼贩为了使因缺氧而濒死的鱼恢复活力，会在水中添加一种名为“鱼浮灵”的化学物质，这种物质含有铅、砷等重金属，会致癌。

鱼浮灵化学成分是过氧碳酸钠或过氧化钙等过氧化物，在常温下能很快溶于水，并迅速释放氧气。使用鱼浮灵后能迅速增加水体溶氧量并在长时间内维持，碳酸钠和氢氧化钙会导致水中pH值上升。其分解出的碳酸钠、钙存在水体里，有一部分可能会被鱼的体表吸收，或通过鳃进入肌肉内，但其吸收的量有限，正常使用不会对鱼造成危害，也没有任何实验证据证实鱼浮灵对人体会造成危害。在运输流通过程中鱼浮灵类化学增氧剂的使用时间一般也比较短，由于重金属在鱼体内蓄积需要一定时间，总体来看因使用鱼浮灵带来重金属残留风险并不高，消费者对于水产品的养殖和流通过程中使用鱼浮灵所带来的安全风险不必过于担心。不过，有些不法商贩可能会使用工业级纯度的原料生产出来的过氧化钙或过氧碳酸钠来替代。这种情况下，的确可能有引入重金属等有害成分的风险。

十五、大闸蟹养殖过程中会使用抗生素或避孕药吗？

2012年，网络热传“养殖户用避孕药快速催长大闸蟹；香港卖的大闸蟹都是激素养成的”。有关大闸蟹在养殖、运输过程中疑似滥用抗生素、激素药物的传闻在每年的大闸蟹上市期间反复出现。

蟹黄和蟹膏都是蟹的性腺，如果蟹吃了避孕药，就会抑制性腺的成长、成熟，大闸蟹没了蟹黄或蟹膏，就会让大闸蟹的美味大打折扣，所以，从蟹的生长原理来说喂避孕药不可能。对于传言称在螃蟹最后一次蜕壳时投放避孕药，这根本不可能也不现实。从生物学角度说，秋分前后螃蟹蜕壳为绿蟹，性腺开始迅速发育；而人们吃蟹时最爱吃的蟹黄和蟹膏，恰是螃蟹的性腺。从进化意义上说，螃蟹是低等的无脊椎动物，给螃蟹吃高等脊椎动物避孕药之类的药物，这是无稽之谈。假设投放避孕药有效，正好抑制了性腺的发育，那么人们喜欢食用没有蟹黄和蟹膏的蟹吗？在蟹的养殖过程中，不可避免地会用药，关键要看用药的品种和剂量。一些正规的可用药，其在蟹体内的残留量只要不超标，那就是安全的，无需过度恐慌。

十六、吃蟹黄可能致癌吗？

2015 年 6 月，美国媒体发布消息称，美国纽约市卫生局将华人最爱的蟹黄、蟹膏列为了禁吃部位，因为这些地方包括消化腺、排泄腺和肝胰腺，是化学物质集中之处，可能包含大量化学物质，例如多氯联苯、二噁英和镉。据介绍，由于纽约的哈德逊河和纽约港水域的工业污染，这里的鱼类和蟹类可能包含对人体有害的化学物质。当地规定育龄女性（50 岁以下）和儿童（15 岁以下）禁止食用来自哈德逊河和纽约市周围的上湾、河流和水道的蓝蟹。该消息一经国内媒体转载，旋即引发消费者对蟹黄食用安全性的担忧。

鱼、虾、蟹等水产品确实会从水体中吸收污染物。对于螃蟹而言，污染物是否超标主要跟蟹类的生长环境有关。纽约多年的经济发展也给当地环境带来了很多污染物的积累，这些污染物逐步沉积在海底和湖河底泥中，生活在这里的甲壳类、软体类动物以及鱼类就会从食物链中吸收污染物。其实纽约市卫生局的消费建议并非针对螃蟹或蟹黄，由于工业污染严重，有大量鱼类也被建议不要食用或有限食用。另外，纽约市卫生局的水产消费建议仅仅适用于当地严重污染的水体环境，禁吃蟹黄蟹膏的建议主要针对来自纽约受污染天然水体中的野生蟹，在纽约之外的其他地方并不适用。国内养殖蟹的环境相对更安全，蟹黄可以放心食用。

十七、虾蟹注胶有可能吗？

近年来，天津、浙江、云南、广东和北京等多地媒体相继曝出所谓“注胶蟹”“注胶虾”的新闻。有人从农贸市场买来的江蟹上竟有几个疑似“针眼”的小孔，还流出不明胶状物，疑似是“注胶蟹”；有人在菜市场里买了一袋虾回家，剥完虾后，竟然满手都是胶状物，简直是触目惊心！

多家水产经营商贩称，“注胶虾”其实一直存在，屡见不鲜。“有时候虾的重量达不到就会给打胶，这样看起来饱满一点。”“注胶”手法一般多见于竹节虾等大型虾类，主要为了让其体形、卖相更佳。业内人士也表示，“注胶虾”在南方水产市场经常出现，大多是在东南亚进口的竹节虾、草虾、虎虾等体积较大的虾类中使用。除“注胶虾”外，这门“注胶术”已向海马、海参等名贵水产品蔓延，消费者购买时要留心。

警惕被注入工业明胶带来食用安全隐患。如果注的是食用明胶，不会对食用者造成身体影响。食用明胶一般是从动物皮肤、骨头等原料中提取而来，主要成分是胶原蛋白，作为一种高效增稠剂，多用于果冻、冰激凌的生产中。琼脂等食用胶是从海藻中提取而来。应警惕部分商贩为节省成本，使用价格更便宜的工业明胶来增重。工业明胶一般用于家具、印刷，含有铅、汞等多种重金属，对人体的肝脏、血液产生危害，甚至会带来致癌隐患。食用明胶本身对人体无害，但虾、海马等不是后期加工生产出的食物，无论添加食用明胶、工业明胶还是其他物质，都是不允许的。向水产品注射食用明胶，是不法商贩欺诈消费者、牟取暴利的造假行为，其并非正常的生产工艺过程，注射环境、注射器的卫生也得不到保证。尤其是“注胶虾”更易腐败变质，可能引起细菌污染。

如果往蟹里面注射明胶，蟹受到异物影响，短时间内就会死亡。而且注胶之后，蟹脚很容易掉。卖相不好了价钱自然也不会高。假如商贩为了给蟹增重而注胶，更加不必，因为胶的重量和蟹身上捆绑的绳子相比，微乎其微。所以，不存在注胶螃蟹。

十八、“螃蟹注水”是真的吗？

2011 年前后广东、福建、山东、浙江等多地都有过有关注水蟹的网络传言。这些传言称，“市面上有无良商贩为了增重而将注过水的‘针孔螃蟹’出售，这种螃蟹虽然很重，但实际上缺斤短两。由于注水后的螃蟹变得不太爱动，因此商贩会向海水中添加兴奋剂，使螃蟹看起来很活跃”。甚至有网友贴出螃蟹身上疑似的“针孔”图片证明“螃蟹注水”的真实性。

螃蟹身上出现的“针眼”可能是同类争斗、对抗天敌和捕捞、运输过程中造成的伤口。少数活的梭子蟹身上都有针孔大的小孔，这些小孔有的在腹部，有的在背部，大小不一，形状不规则，以椭圆或者扁圆居多。不少消费者反映在市面上买到过带有针眼的螃蟹，其实都是梭子蟹。

这种螃蟹外壳两边尖尖的，在捕捞过程中它们相互挤压就会扎到其他螃蟹的身体，从而产生一个个像针眼的洞。

往螃蟹体内注射液体，其脏器所处环境的渗透压会发生剧变，进而导致各个脏器失水萎缩或者吸水膨胀从而致死，这个过程是相当迅速的。近年来沿海地区海蟹丰收，市场价格走低，活蟹注水会迅速死亡，商贩不会用注水的方法增重。至于部分网友怀疑的“兴奋剂药物”，普通兴奋剂类药物对螃蟹并不适用，更关键的是无论注水还是注药，螃蟹都会快速死亡，而死蟹经济效益更低，商家得不偿失。曾有专家认为，市面上确实有一些卖冰冻螃蟹的商家有可能为了增重给螃蟹注水，但其实增重效果不会太好，注入螃蟹体内的水在冷冻的过程中还是会流出来。售价高的螃蟹由于体内肉比较饱满根本注不进去水，而售价便宜的螃蟹虽然肉少壳空，但由于人工和时间成本问题也没有必要去注水。在南方，曾有消费者看到大排档商家用注射器往螃蟹的口中注射棕黄色液体，其实这是一种烹饪手法，将料酒和作料放在注射器内提前注入螃蟹口中，然后马上上锅蒸，味道会非常好。这个行为并不是以增重为目的，消费者可以放心。

十九、小龙虾有毒吗？

相当长时间以来，网络中充斥着各式各样有关小龙虾的段子，主要包括以下五个方面：一是小龙虾不是虾，是一种虫子，外国人都不吃；二是小龙虾曾用来帮日军处理尸体；三是小龙虾喜欢脏污环境，被用于污水处理；四是小龙虾体内各种重金属超标；五是小龙虾有寄生虫，跟横纹肌溶解症有关。

小龙虾的真名叫“克氏原螯虾”，是一种淡水虾，根本不是虫子。它和龙虾有亲戚关系，分类学上它们都是“十足目”，龙虾是龙虾科、正螯虾科或拟螯虾科，而人们吃的小龙虾则是蝲蛄科，在我国北方一些地区它被直接称为“蝲蛄”。它们之间的亲缘关系相当于人和猴子的关系，都是一个“目”，但不是一个“科”。小龙虾原产于美国东南部，所以又叫美国螯虾，它是最具食用价值的淡水龙虾品种，年产量占整个淡水龙虾产量的 70% ～ 80%。小龙虾在一些国家已有 200 余年的食用历史。

小龙虾从未用来处理尸体。日本从美国引进小龙虾的时间大约是 1927 年，主要是把它们作为牛蛙的饲料。另外，小龙虾确实是日本带到中国来的，约在 1929 年，也是作为饲料、食物的，最早登陆的地点在南京附近。但那时，抗日战争尚未爆发，南京及周边地区并非日占区，不存在处理尸体。

小龙虾在脏污环境下生命活力差，难繁殖，更不可能用来处理污水。实验显示，在小龙虾面前放置腐败性食物及新鲜食物，小龙虾选择腐败性食物与新鲜食物的比例为 1 ∶ 10。小龙虾是杂食动物，主要的食物是水底的有机质，水草、藻类、水生昆虫、有机碎屑都是它的食物，当然它也吃小鱼、小虾、贝类等活物，甚至在吃不饱的时候同类相残。正因为它食性杂，所以生命力很强，能在污染水体生存。但是餐馆的小龙虾基本上都是人工养殖的。在养殖环境中，要根据生长需要，投喂动物性和植物性饲料，比如麦麸、豆饼、水生昆虫幼体等。小龙虾养殖需要保持水体相对稳定，pH 值在 6.5 ～ 8 之间。水体如严重污染会影响小龙虾生长，传言称小龙虾可用于水体清洁、清除腐化物质等，是不成立的。

小龙虾对重金属十分敏感，在重金属超标的水体，小龙虾无法成功脱壳、无法成活。重金属具有可积累性，自然界中食物链越高端的生物对重金属的积累越多。小龙虾以水草等原初生物为食，处于食物链的底端，对重金属的积累低，正常养殖下，重金属残留不会超标。近年来，监管部门在日常的抽检中并未发现小龙虾重金属超标的问题。

小龙虾与横纹肌溶解症没有直接关系。2010 年南京曾经发生过一次多人因“横纹肌溶解症”入院的事件，流行病学家从病人就餐史分析，高度怀疑小龙虾是导致这一事件的元凶。但是专家对搜集到的样品进行了各种各样的检测分析，包括致病菌、重金属、农药残留、抗生素残留、激素、寄生虫、藻类毒素等，并未发现异常，也没有找到可能导致横纹肌溶解症的物质，最终这一事件被定性为“哈夫病”。哈夫病是一类原因不明的横纹肌溶解症，世界各国均偶有发生，一般是吃水产品后 24 小时内发病。除了吃小龙虾，吃海鱼、淡水鱼都出现过类似案例。当然，小龙虾的确可能携带寄生虫，但其他水生生物同样可以携带，比如蛙、螺、贝、鱼、菱角等都可以。预防寄生虫病的关键是烧熟煮透，尤其不要吃生的或半生不熟的小龙虾。

二十、对虾体内有寄生虫吗？

2017 年 6 月，一段“对虾体内有寄生虫”的视频在微信朋友圈中刷屏，引发网友关注。视频中，一名女子撕开对虾的颈部，挤出几小团白色线状固体，并称“这就是虾体内的寄生虫，每个虾都有”。旁白的男声则告诉大家，对虾长虫是因为养殖户给虾吃了激素，如果人不小心吃下这样的虾，就会得可怕的寄生虫病。2016 年 5 月，盛产皮皮虾的秦皇岛也曾传出“皮皮虾中长出寄生虫”的视频，称秦皇岛皮皮虾被污染了，里边都是寄生虫。

视频中所说的“寄生虫”是雄虾的生殖腺。除了皮皮虾外，龙虾、海蟹里也有生殖腺，很多人将其当成虫子或者垃圾扔掉，其实其味道和营养价值都不错。经查，雄虾的精巢，一对同时出现，未成熟的精巢无色透明，成熟后为乳白色。动物的性腺入菜很正常，甚至还是稀罕的美味。从营养成分来看，这些性腺主要成分是蛋白质、脂类等物质，在人体的消化系统分解成氨基酸等成分被吸收。

二十一、黄鳝是用避孕药催肥的吗？

多年来，网络中频繁出现一些爆料称，“吃黄鳝别吃那些又粗又大的，都是用避孕药催肥的”。该爆料指黄鳝之所以能长得又粗又大是因为养殖户违规投喂避孕药的效果。

喂食避孕药容易导致黄鳝死亡。试验发现，饲料中添加激素的黄鳝，1 个月内生长速度比不用激素的黄鳝快了大约 10%，但在 1 个月后开始大批死亡。高剂量组死亡率高达 90%，中剂量组 70%，低剂量组 50%，3 种激素导致的结果基本相同。黄鳝吃了添加激素的饲料后，可能导致体内代谢紊乱，增加了身体脂肪的沉积，随之表现出抗病力差直至死亡的情况。专家表示，为了 10% 的“虚胖”而冒黄鳝死亡的危险，再加上避孕药的成本，对养殖户来说划不来。

用激素能加快雌鳝转雄不现实。黄鳝从胚胎期到性成熟（一般体长 20 ～ 30 厘米）是雌性，产卵后进入雌雄同体期，并逐步过渡为雄性。雌鳝在繁殖上要耗能，而雄鳝繁殖耗能少，生长速度更快，大约为雌鳝的 2 倍。正因为存在这个转化过程，出现了“加激素促转化”的传言。从理论上说，的确可以使用雄性激素如甲基睾丸素促使雌鳝更快向雄鳝转化，但所需条件极为苛刻，在农户养殖环境下根本不可能实现。这种转化过程需要对“胚胎后期和孵化不久的仔鳝”采用浸泡药浴，这种办法不仅操作麻烦、转化率低，而且因为目前市场上的黄鳝苗几乎都是从野外捕获的野生鱼苗，早已过了“仔鳝”这个阶段，所以不可能用这种方法。此外，黄鳝有一种特殊的“同类抑制”习性，也就是喂养密度达到一定标准，超过 15 尾 / 米 ^{2}，雌性黄鳝卵巢就自动退化体内吸收，不会排卵繁殖。在生产中，黄鳝养殖的密度至少都是 50 尾 / 米 ^{2} 以上，大大高于 15 尾 / 米 ^{2}。这种情况下，不吃激素也能将雌鳝养得很大，目前市场上卖的雌鳝也较多。

黄鳝是以肉食性饵料为主的杂食性鱼类，喜欢吃鲜活饵料，不吃腐烂变质的食物，其生长速度取决于摄食量多少。黄鳝变得又粗又大是因为在饲养过程中，采用了科学的饲养方法，解决了影响黄鳝生长的水温和饵料等问题，与避孕药无关。

二十二、黄鳝有寄生虫不能吃了吗？

有关黄鳝有寄生虫的传言最早开始于2009年前后。“黄鳝体内有要命的寄生虫，亲，你还在吃吗？”“千万别生吃黄鳝！寄生虫钻眼睛，无药可解。”“10斤鳝鱼发现250条寄生虫，可游走全身！”2014年8月，央视新闻频道报道称，不管家养还是野生黄鳝，都有颚口线虫，把这一话题推向风口浪尖。

黄鳝

黄鳝寄生虫之一的棘头虫对人不构成威胁。由于黄鳝喜欢在淤泥中钻洞，又以小鱼、小虾等为食，这样的生活习性和食物构成，决定了黄鳝体内容易滋生寄生虫，包括颚口线虫和棘头虫。棘头虫成虫寄生在鳝鱼的消化道内，它不是人体专属的寄生虫，不寄生在人的体内，对人不构成威胁。颚口线虫可以防治。当确诊人体内有颚口线虫后，治疗本身并不复杂。治疗颚口线虫病有特效药，只要连吃 2 天，基本可以杀灭虫子。野生黄鳝体内的颚口线虫数量肯定比养殖的多。研究发现，在 70℃以上高温下，加热 4 ～ 5 分钟，就可以消灭黄鳝体内的颚口线虫，所以，消费者不用太担忧。

二十三、肉松是棉花假冒的吗？

2017 年 5 月，一段网友拍摄的题为“所谓的肉松饼，里面居然是海绵”的视频在某视频网站上线。视频中，一男子将肉松饼内馅洗净后不停在水中揉搓，称里面絮状物为“棉花”，并用打火机点燃，称有“棉花味”。而在另一平台，同样的操作手法在“肉松饼出事了，肉丝居然是棉花”“棉花做馅的肉松饼”等视频中出现，只是解说人用了不同方言。海南、广西、福建、安徽等地先后出现多段网民自发上传的所谓“肉松棉花造”的视频，涉及多个肉松饼品牌。

棉花与肉松有本质的不同。首先，在口感上棉花根本不可能“冒充”肉松，因为肉松是一种肌肉纤维，主要成分是蛋白质。棉花是植物纤维，它的主要成分是纤维素，放入嘴里嚼不烂。肉松是用肉作为主要原料，经煮制、切块、撇油、配料、收汤、炒松、搓松后制成的肌纤维蓬松絮状的肉制品，所以用水洗后呈絮状物也有可能。不过，肉松轻轻一咬就会化渣，很松软。其次，经水洗后肉松的确为白色絮状，可以点燃，但燃烧时散发出肉烧焦的臭味，与棉花有本质区别。棉花成分为纤维素，小量燃烧应无臭味。

肉松能洗出颜色是因为含有酱油。视频中，肉松洗过之后变得浑浊泛黄，里面的“棉花”也开始掉色，所以有人便指出这是使用了上色后的“棉花”替代肉松。实际上，根据2009年6月发布的肉松国家标准《GB/T 23968—2009》显示，肉松在制作过程中允许加入酱油作为辅料。在普通发酵的过程中，酱油中的色素成分主要有氨基糖、黑色素和焦糖。酱油中这三种色素的前体物质都是来自原料中的大豆和淀粉，无毒无害。所以肉松洗下来的颜色不一定与人工上色有关。

二十四、吃鸡蛋会诱发“三高”吗？

2012年前后，加拿大的一项研究报告提出，从形成血栓严重程度来说，吃蛋黄的危害几乎等于吸烟坏处的2/3。随后各种“鸡蛋有害”的说法在网络流传。有网文称，“鸡蛋胆固醇含量高，吃多了容易导致人体‘三高（高血压、高血糖、高血脂）’病症”。一些网友甚至说，“鉴于高血脂等健康问题日益突出，成年人群都要远离鸡蛋。”

鸡蛋对人体胆固醇影响不大，蛋黄中含有的卵磷脂有降低血胆固醇的效果。多吃鸡蛋引发“三高”国际上没有公认的证据证明。人体内胆固醇有两个来源，一是内源性，在肝脏合成，每天约有 1000 毫克，是人体内胆固醇的主要来源，占 70%。另一个是外源性，从食物中获得，主要来自肉类、内脏、蛋黄和奶油。《中国居民膳食指南》建议，居民每日胆固醇摄入量为 300 毫克。而 1 个鸡蛋黄的胆固醇含量为 200 毫克左右，低于居民膳食指南的推荐量。据了解，食物中的胆固醇在人体血液中以高密度脂蛋白胆固醇、低密度脂蛋白胆固醇、极低密度脂蛋白胆固醇几种形式存在。当低密度脂蛋白过量时，它携带的胆固醇易积存

鸡蛋

在动脉壁上，形成动脉粥样硬化，是导致心脑血管疾病的元凶，被称为“坏胆固醇”。而高密度脂蛋白能将血液中的多余血脂运送到肝脏代谢掉，被称为“好胆固醇”。蛋黄中含有丰富的卵磷脂，具有降低血胆固醇的效果，并能促进脂溶性维生素的吸收。真正刺激身体制造胆固醇的是饱和脂肪和反式脂肪。鸡蛋中的饱和脂肪含量相对较低，1个鸡蛋中的饱和脂肪约1.5克,仅为一汤勺黄油的一小部分。如果血脂水平增高，需要减少脂肪的摄入，增加体力活动并且控制体重。相比膳食因素，运动、戒烟、情绪调节对调节胆固醇水平更有效。

血栓受肥胖、吸烟、糖尿病等影响，是遗传和环境等多因素作用的结果。常吃高胆固醇食物对血栓有促进作用，但造成血栓的原因还包括脂肪总量高、肥胖、吸烟、酗酒、高血压、年龄大、体力活动少等。

二十五、真有“人造橡皮蛋”吗?

近年来，几乎每年冬春季节都有媒体报道有市民买到疑似“人造蛋”的传闻，这些“人造蛋”无一例外地具有“蛋黄咬不动，还能弹跳，疑似橡皮质地”的特征。比如，有人买到了“假鸡蛋”，“鸡蛋煮熟后蛋黄摔在地上能蹦起20厘米高”；“多名网友遇到了蛋黄超级Q的鸡蛋，已试验拿着蛋黄当乒乓球打”。该传言在传播过程中甚至衍生出“双黄蛋是人造蛋”“血蛋是人造蛋”的传闻。

“人造橡皮蛋”多因低温长时间保存。一般冬天接到类似“人造橡皮蛋”的投诉明显比夏天多很多。北方冬天都是 -5℃到 -10℃的气温，鸡蛋在运输过程中如果没有措施得当，早已经冻坏了，一旦冻坏，蛋黄就无法煮熟，这样的蛋黄会很有弹性，这也是为什么大部分市民总是在冬天偶遇所谓的“假鸡蛋”。另外，一般消费者买鸡蛋都是十几个一起买，通常放在冰箱中储存。冰箱里的鸡蛋受低温影响，也可能造成煮不熟、蛋黄弹性异常的情况。可见，正常的鸡蛋如果在低温下保存时间过长，蛋黄可能变硬而成为“橡皮蛋”。

“蛋黄异常”与鸡饲料中棉酚等物质过高也有关。橡皮蛋最常见的成因是鸡食用了棉酚含量过高的饲料。棉籽饼是棉籽提取油之后的残渣，富含蛋白质，经常被用在鸡饲料中作为蛋白质来源。棉籽中含有一种物质叫做“棉酚”，游离的棉酚会与蛋白质中的赖氨酸结合阻止它被吸收利用。大量的数据表明棉酚含量过高会导致橡皮蛋。此外，棉籽和许多植物中含有的一类叫做“类环丙烯脂酸”的物质，也会导致橡皮蛋的出现。实际上，棉酚过高不仅仅导致“橡皮蛋”，还可能导致“杂色蛋黄”和“蛋黄颜色异常”的出现。后者是指蛋黄的颜色与正常的不同，这种情况不是很多。而前者是指蛋黄颜色不均匀，存在深色或者浅色的补丁，比较常见。

双黄蛋、血斑蛋不是人造蛋。“双黄蛋”是指一个蛋壳中含有两个卵黄的蛋。双黄蛋是由于母鸡（鸭）受到惊吓，或患有卵巢疾病，或初产母鸡（鸭）卵巢活动不规律等导致的，并非人为干扰甚至激素所致。从市场角度看，双黄蛋并没有卖点，价格也不比普通蛋高，所以不必过于恐慌。“血肉斑蛋”是指鸡蛋打开后，在蛋黄上有类似血块（小肉斑）的鸡蛋。造成鸡蛋中血斑形成的原因包括品种遗传性和少数蛋鸡患生殖系统疾病、蛋鸡受到外界惊吓使毛细血管破裂或遇到输卵管上皮脱落、饲料中缺乏维生素K等。因此，这种“血蛋”只是母鸡营养不良或者产蛋时受到刺激造成的，煮熟后可以放心食用。

二十六、喝蜂王浆会致癌吗?

“蜂王浆致癌说”最早出现于2003年前后。2012年以来，该传言大量出现于互联网环境中。该类谣言普遍称，“进补喝蜂王浆，乳腺癌患者引来肿瘤复发”，将乳腺癌归因于蜂王浆“含有高量雌激素”。另外，少数医学执业者也持有这种观点。

蜂王浆“激素论”违背科学常识，“会引发癌症”的说法没有科学依据。2015年中国农业科学院蜜蜂研究所在全国蜂王浆主产区采集237份蜂王浆样品进行了调查研究，只有52个样品检出以β－雌二醇为主的雌激素（检出限为0.5微克／千克），且只有6个样品含量超过1微克／千克，最高为26微克／千克；根据国家标准提供的雌激素每日容许摄入量（ADI）推算，最高雌激素检出水平的蜂王浆成年人也需要每日食用100克才会带来安全风险，而正常人的每日推荐食用量为10克左右。因此，蜂王浆中雌激素含量

蜂巢

不会带来健康风险。

蜂王浆中的性激素在日常动植物食品中普遍存在，是食物中正常的生物活性营养成分。人体一刻也离不开激素，人体除了自身合成激素外还需从食物中补充。一般每人每日所需性激素量为 5000 ～ 7000 微克，即使我们每天食用 15 克蜂王浆，1 个月共食用 450 克，补充的性激素也只有 3.6 微克。所以，从激素水平来讲，对于妇女，尤其中老年妇女而言，食用蜂王浆是安全的，并且有一定保健作用。蜂王浆不但激素安全，而且营养价值不可轻视。从蜜蜂的生长过程来看，3 日龄内小幼虫均被饲喂蜂王浆。3 日龄后，持续被饲喂蜂王浆的蜜蜂雌性幼虫能发育成有生殖力的蜂王，体形更大，寿命更长，而未被饲喂蜂王浆的幼虫成为无生殖力的工蜂，体形和寿命大大不如蜂王。从营养价值来讲，蜂王浆起到关键作用。

主要参考文献

[1] 中华人民共和国农业部 . 农产品安全生产基本知识 [M]. 北京 : 中国农业出版社，2007.

[2] 农村实用人才带头人培训教材编审指导委员会 . 农产品质量安全常识 .[M] 北京 : 中国农业出版社，2008.

[3] 农业部农药检定所 . 植物生长调节剂规范使用知识 [M]. 北京 : 中国农业出版社，2014.

[4] 国家食品安全风险评估中心 . 食品安全 100 问 [M]. 北京 : 中国人口出版社，2014.

[5] 李祥洲 , 等 . 农产品质量安全舆情监测分析概论 [M]. 北京 : 中国农业出版社，2015.

[6] 朱世龙 , 等 . 食品安全科普知识100问[M]. 北京:北京科学技术出版社，2016.

[7] 《从农田到餐桌：农产品质量安全 150 问》编委会 . 从农田到餐桌：农产品质量安全 150 问 [M]. 北京 : 中国农业科学技术出版社，2017.

[8] 张星联，等 . 食用农产品消费健康科学面对面 [M]. 北京：中国标准出版社，2017.

[9] 李祥洲，邓玉，等 . 农产品质量安全舆情热点科学解读 [M]. 北京：科学出版社，2018.

[10] 郭林宇，李江华，等 . 营养小标签健康大问题 [M]. 北京：中国质检出版社，中国标准出版社，2018.

[11] 董燕婕，赵善仓，李祥洲，等．产地环节农产品质量安全舆情发生特点及应对措施研究 [J]. 山东农业科学，2017，49（8）:150 - 154.

[12] 廖家富，唐章林，唐维超，等．基层农产品质量安全舆情风险监测应对模式 [J]. 中国食物与营养，2018，24（5）：5 - 9.

[13] 赵善仓，赵领军，董燕婕，等．产地农产品质量安全舆情及应急处置研究 [J]. 中国食物与营养，2018，24（5）：10 - 13.

[14] 戴芬，王强，于国光，等．农产品质量安全舆情科普模式研究 [J]. 科普研究，2018（5）：59 - 67.

[15] 李祥洲，邓玉，廉亚丽，等．产地农产品质量安全舆情成因及应对研究——以兰西“嘎嘎甜”香瓜舆情为例 [J]. 农产品质量与安全，2018（6）：79 - 83.

[16] 蒋建科. 喜看科普有创新[N]. 人民日报，2019 - 11 - 04（19）.